本書はペーター・J・リートベルゲン著「A Short History of the Netherlands　From prehistory to the present day」（オランダ Bekking & Blitz社刊 2017年発行12版）を翻訳したもので、著者了解のもと修正を加えた箇所がある。

# 『オランダ小史』紹介の言葉にかえて

小和田　恆

「聖書によると天地を創造し給うたのは、神様である。しかしわがオランダを創り出したのは、紛れもなく我々の祖先オランダ人だ」というのは、オランダの人たちが——いささかの誇りを込めて——好んで口にする言葉である。もちろん、それは軽口としていっているのだが、何十万年か前に、北極から吹き寄せる北海の荒波がこのヨーロッパの北辺に作り出した砂州の連続を利用して今日のフリースランドを作り出し、また歴史開闢以来長年にわたって形成されたライン川河口の大デルタに生まれ、今日でも全土の四分の一が海面下にあるこの国の国土を、埋め立てによってではなく風車を利用した水の汲みだしという干拓事業によって獲得（Reclaim）して来たオランダの人々の戦いの歴史を考える時、この冗談は、単なる軽口では済まないこの国の歴史の一面を衝いていることに気づかされるであろう。

そして、このことは、オランダが、近世ヨーロッパ史上スペイン、イギリス、フランスと並んで当時の世界を制覇する一大世界帝国の覇者となったことと無縁であるとは思われないのである。名誉革命後のイギリスにオレンジ公Willem がWilliam III として君臨して当時のイギリス社会の文化、芸術に圧倒的な影響を与えたことは、すでに識者のよく知るところであろう。オランダ史上Golden Age として知られる一七世紀のオランダは、単にマンハッタンを中心とした米大陸の北部、カリブ海地域、さらにブラジル王国をもその支配下に置いた一大政治帝国であったのみならず、Rembrandt, Vermeer, Rubens, van Dyck, Frans Hals などの巨匠を輩出した一大文化帝国でもあった。それらを通じて脈々と流れているのは、Erasumus, Grotius に代表されるような理性主義、合理主義の権化ともいうべきこの国の人々の理性への信仰と、いかなる非合理的なことにも屈服しようとしない「不羈の心」――いわば「オランダ魂」とも呼べるようなオランダの人々の心性ではないかと思われるのである。

私は歴史家でもなければ、オランダの専門家でもない。この国についてはほとんど無知なままにこの国に移り住むことになり、一五年間の歳月をこの国で過ごすことになった。そういういわばオランダ史についての「ど素人」が、このような労作に序文を寄せるというのは、「烏滸の沙汰」も甚だしいことであることは重々承知している。それにもかかわらずこの一文を書くに至ったのは、ひとつにはそれが畏友肥塚隆元駐オランダ日本国大使の手になる翻訳であるということに加えて、私自身の一五年間のオランダ滞在を通じて、西暦一六〇〇年以来四〇〇年にわたる修好を重ね鎖国時代二五〇年の我が国にとり近代化への道標の役を果たしたこの国について、私自身知ることのあまりに少ないことを知るに至ったからに他ならない。（現に私の知る限り、オランダの歴史について一応のまとまった概念的な知識を与えてくれるに足る概説書は、わが国には今日もほとんど存在しないといっても過言ではないのは残念なことである。本書がその隙間を埋め、歴史的なコンテクストにおいてとらえられたオランダという国への総合的な理解がわが国で深まるための一助になれば、幸いである。）

浅学菲才を顧みず、あえて本書紹介の言葉にかえてこの一文を草した所以である。

（ライデン大学名誉教授）

ウィレム・アレクサンダー国王陛下とマクシマ王妃陛下、2013年4月〈デンハーグ国家広報局〉

# オランダ小史

## 先史時代から今日まで

ペーター・J・リートベルゲン 著
肥塚 隆 訳

# 序　日本とオランダ

日本とオランダ、両国は特別に興味深い過去を共にしている。勿論、日本は何世紀にもわたり朝鮮、中国および他の東南アジアの国々と政治的、経済的、文化的に関係を有してきた。欧州の人々がこの島国の帝国について何らかの知識を得たのは、一六世紀の半ばになってからに過ぎない。多くの理由により、ポルトガルと英国は徳川時代の初期に日本との関係を放棄せざるを得なかった。一六三〇年代以降一九世紀の半ばまで、オランダ東インド会社の職員のみがこの国に入ることを許された。彼らは一年のうち大部分は長崎湾の出島の商館に閉じ込められていたが、それでも長崎の社会との接触を通じ、また、無論、毎年行わねばならなかった江戸／東京にある幕府を訪問する旅を通じて、日本の地理、人々、文明について知ることができた。その上、オランダ人の中には日本語を学び、さらに知識を増やすことのできた者もいた。

これらの男達は自ら集めた独特の知識を誇りとし、同僚のオランダ人のみならず、実際に欧州の人々全体に意欲的にこれを伝えようとした。まさに日本が外部に閉じられていたことによって、欧州の文化的で教育を受けたエリートの間に日本と日本文化に対する真の憧れが生じた。オランダ東インド会社に勤めていた文筆家によって書かれた書物に含まれた多面的な情報は、多くの学者・著述家によって、また、文学者によって再利用され、遠い日本についての多彩なイメージを作り上げた。このイメージは、百科事典、紀行文、演劇、小説のみならず、世界の歴史、政治、経済に関する専門書でも広がった。日本が外部の世界と関係を有しなかったにも拘わらず、何故、また、どのようにして豊かであり続けることができたのか、多くの人が不思議に感じていたからである。これらの著作によって投射されたイメージ、また何百年もの間日本の欧州への主要な輸出品であった漆器や磁器によって投射されたイメージは、必ずしも正確なものではなかったが、それでも欧州の日本への意識を高めることに貢献した。

しかし、一八六〇年代までには日本政府はより広い世界に門戸を開放することを決定し、オランダは日本とその他人類社会との唯一の「窓口」としての特権的な地位を失った。それにもかかわらず、両国の関係は緊密であり続けて来た。

ペーター・J・リートベルゲン

オランダ―多くの水路の国
ロッテルダムと北海を結ぶ「新水路」
写真：カレル　トメイ

# 目次

『オランダ小史』紹介の言葉にかえて　小和田恆　3

序　日本とオランダ　ペーター・J・リートベンゲン　8

はじめに　19

1. 先史時代から紀元前五七年までの社会、経済、文化　22

氷河期／漏斗型ビーカー文化と鐘型ビーカー文化／青銅器時代／鉄器時代

2. ローマ支配期（紀元前五七年—紀元四〇六年）の社会、経済、文化　29

ローマ文化の影響／人工水路

3. ゲルマン世界の社会、経済、七五〇年頃まで　33

王位と階級／サクソン人、フリース人、フランク人

4. ゲルマン世界の文化：異教とキリスト教への改宗　37

ゲルマンの神々の世界／フランク人支配下でのキリスト教への改宗／ウィリブロードとボニファティウス

5. カロリング帝国の社会、政治、経済、文化（六五〇―八五〇年頃） 41
フランク王国の拡大／宮宰から王へ：カロリング家／カール大帝（七四七／七四九―八一四年）／統治の手段としての封建制度／封建制度と大土地所有／交易の隆盛／カロリング・ルネッサンス？／カロリング帝国の分割
6. ノルマン人の襲来（八五〇年頃―一〇〇〇年頃） 51
繁栄の傾き　ヴァイキングの襲来の終焉
7. カロリング帝国崩壊後の社会と政治：地域主権の始まり（八五〇年頃―一三五〇年） 54
領邦国家の発展／ホラント伯／フロリス五世／ユトレヒト司教領／ヘルレまたはヘルダーラント伯領、後の侯領／ブラバント侯領／「悦ばしき入城式」／フリースラント
8. 一〇〇〇年頃以降の経済と政治：都市経済の始まり 68
堤防の建設と土地の干拓／経済と修道院／都市の重要性の増大／新たな交易ルート／ハンザ都市／増大する都市の政治力
9. 文化：都市のブルジョワジーの役割 76
美術／都市の宗教
10. ブルゴーニュ・ハプスブルク帝国の社会と政治：権力と機構の集中（一三五〇―一五五〇年） 82
一三五〇年頃より後の状況／フィリップ豪胆侯（一三四二―一四〇四年）と婚姻政策／フィリップ

善良侯（一三九六―一四六七年）／シャルル突進侯（一四三三―一四七七年）／ブルゴーニュ、ハプスブルク、世界：フィリップ美男侯（一四七八―一五〇六年）／世界帝国の一部としてのオランダ：皇帝カール五世（一五〇〇―一五五八年）／ハプスブルクの集権化政策に反対するネーデルラント一七邦と諸都市／全国身分制会議と最高法院／経済：ホラントの諸都市の重要性の増大

11．文化（一三〇〇―一五五〇年）：新しい傾向の出現　98
ルネッサンスと人文主義／教育と文学／建築、彫刻、絵画／ルターとカルヴァン

12．一五五〇年頃より後の社会と政治：「スペイン」の支配への抵抗の増大　107
国王フェリペ二世（一五二七―一五九八年）／グランヴェル枢機卿／貴族の同盟：オラニエ公と他の有力者／反抗の最初の兆候／小貴族の「盟約」／聖画像破壊運動の激情：聖画像の破壊／国王フェリペ二世に改めて忠誠宣誓／アルバ侯と血の評議院

13．闘争の数十年　117
一五六八年：「八〇年」継続する戦争のはじまり／一五七二年：ブリレ市の占領／一五七三年、一五七四年：アルクマールとライデンの解放／一五七六年：ヘントの和約／一五七九年：アラス同盟とユトレヒト同盟／一五八一年：国王廃位令：北ネーデルラント七州がスペインからの独立を宣言／一五八四年：オレニエ家のウィレムの暗殺

14．「七州連邦共和国」独立への道　127
マウリッツ公とヨハン・ファン・オルデンバルネフェルト／一二年間の休戦（一六〇九―一六二一

年）／アルミニウス派とホマルス派／ドルドレヒトの宗教会議　一六一八―一六一九年／ヨハン・ファン・オルデンバルネフェルトの処刑

15．一六四八年：ミュンスターの講和―八十年戦争の終焉　137

オランダ連邦共和国の政治構造

16．黄金期の経済：世界貿易の中心としてのオランダ共和国　141

バルト海、ジブラルタル海峡、イングランドとの貿易／発見の航海、通商の航海／アジアの貿易基地と通商の発展：植民地化？／連合東インド会社すなわちV．O．C．の設立／世界貿易網の結節点：ケープ植民地／世界貿易網の結節点：インドとスリランカ／世界貿易網の結節点：ジャワと香料諸島／世界貿易網の結節点：中国と日本／米州：海賊とオランダ西インド会社（W．I．C）の設立／世界貿易網の結節点：「ハドソン川のオランダ」とブラジルでの失敗／世界貿易網の結節点：スリナム／工業の勃興／大規模な土地の干拓／停滞か衰退か？

17．オランダ黄金時代の文明　161

市民国家としてのオランダ共和国／絵画：風俗画、肖像画、その他／バロック（宗教）美術／建築と内装：ルネッサンス、「オランダ古典主義」、バロック様式／文学：マウデン・サークル／ヨースト・ファン・デン・フォンデル：「詩人の貴公子」／フーゴー・デ・フロート：国際法の創設者／音楽／科学と教育

18．一七世紀後半の社会と政治　175

総督ウィレム二世／第一次無総督期　一六五〇―一六七二年／航海法：第一次対英戦争または英蘭戦争／総督ウィレム三世／ヨハン・デ・ウィッテ大法務官／欧州の勢力均衡のための闘い

19. 一七世紀後半と一八世紀の社会、政治、経済　185
進歩と衰退／一七四七年までの都市貴族と州政府／第二次無総督期　一七〇二―一七四七年／オラニエ家：ウィレム四世とウィレム五世　全州の世襲総督／愛国者とオラニエ派

20. 一七世紀後半と一八世紀の文化　196
開花と地固め／建築と室内装飾／絵画／文学／科学と宗教

21. 社会と政治　一七八七―一八一五年：反乱と外国による支配　204
バターフ共和国　一七九五―一八〇六年／ルイ・ナポレオンの下のホラント王国　一八〇六―一八一〇年／フランスに併合され、これに敵対したオランダ　一八一〇―一八一三年

22. ネーデルラント連合王国の社会、政治、経済、文化　一八一五―一八三〇／一八三九年　213
南北ネーデルラントの再統合：一八一五年憲法／ベルギー国の成立：一八三〇年一〇月四日／ウィレム一世、「商人国王」：貿易と工業／ウィレム一世治下の文化と宗教／国王の退位：一八四〇年

23. 社会、政治、経済：工業化社会へ　第一期　一八九〇年頃まで　223
一八四〇年、一八四八年の憲法改正／王権の制限／労働者の団結／最初の社会立法／ローマ・カトリック教徒とユダヤ教徒の解放／宗派教育と非宗派教育：学校を巡る戦い／植民地に関連した倫理

政策／政党政治の登場／「柱状化」
24. 一九世紀の文化：長年中傷されてきたが、今では活発と認められている文化 237
絵画：「ハーグ派」とフィンセント・ファン・ゴッホ／建築：カイペルスとベルラーヘ／文学と音楽：「八〇年代の人達」と社会主義者
25. 社会、政治、経済：工業化社会へ　第二期　一八九〇年頃―一九四五年 243
中立の必要性／三〇年代の大不況／大不況期の政府の政策／多国籍企業／戦間期のオランダの平和主義とファシズム
26. 二つの世界大戦間の文化 249
視覚芸術の新たな運動：「スタイル」／文学／音楽／マス・メディア／科学
27. 第二次世界大戦中の社会と政治 254
ドイツによる占領：一九四〇―四五年／ユダヤ人の迫害と国外退去／オランダの解放：一九四四、四五年
28. 一九四五年以降の社会、政治、経済、文化 259
瓦礫の撤去と再出発：新しい政治と新しい政党／国際的協力と統合／オランダ領東インドの独立：インドネシアの誕生／西半球の植民地へのオランダ王国憲章の付与／オラニエ家／インフラ・プロジェクト＝デルタ計画の実現／好況と不況：社会福祉と増加する社会問題への立法／一九六〇年以降の文化生活

おわりに
オランダ小史年表 281
オラニエ・ナッサウ家の家系略図 282
オランダ全図及びベルギー北部 283
訳者あとがき 肥塚 隆 284

装丁／中村 聡

掲載図版提供略称
GAA アムステルダム市立公文書館
AM アムステルダム美術館
RMA アムステルダム国立美術館
RMO ライデン国立古代遺物博物館
RVD デンハーグ国立広報局

オランダー水から獲得した国
南ホラント州キンデルダイクの干拓地の風車

# はじめに

現在我々が知っているオランダは、様々な自然の影響、また多くの政治的また軍事的出来事を含めた、様々な文化的な影響によって、極めて長い時間をかけて今の領土のかたちを獲得した。

しかし、政治または戦争によって領土を得たり失ったりするよりはるか前から、人は自然の力を通じて土地を得たり失ったりすることを経験していた。確かに、欧州のいかなる国よりも土地を形作るうえで、オランダでは自然、特に水の力が大きな役割を果たしてきた。その結果、早い時期からずっとその住人は水の有害な影響を抑える方法を考案すべく努力してきた。二千年以上前にフリースラントやフローニンゲンの海岸に沿って、丘（テルペン）を最初に築いた人々と、最近完成した「デルタ・プロジェクト」を設計した人々を隔てる差は技術的にみえるほど大きくはないかもしれない。水を常に管理する必要性は現在と同様に、当時もオランダ人の最大の関心事であった。過去数十年間自国を遂に守り抜いたと思ったオランダ人は、地球温暖化やら海面の上昇やらによって、今後数十年間水の管理を再び真剣に考慮することが必要になるであろう。

しかし、水はオランダに多くの課題を突き付けただけでなく、大きな利点も与えた。北海の沿岸で、ライン川、ワール川、マース川、スヘルデ川といった欧州の主要な河川のデルタ地域にあり、また、イギリス諸島に向い合って位置し、オランダは何千年にもわたり西欧の輸送経路を支配してきた。

そのため、人々が初めて到来したときから、この地域が多くの国々の間で争いの種になってきたことは驚きではない。その結果、ローマ人、フランク人、ブルゴーニュ人、最後にハプスブルグ家とスペイン人のような、一連の外国の支配者は、オランダの文化にその痕跡を残すことになった。国を領有するため、あるいは外部の攻撃からこれを守るため、多くの戦いが行われたことによって、東部と南部には、いまでも地図上に見られる奇妙に不規則な国境線が形作られた。これはオランダを巡って行われた数知れない戦争を終わらせた多くの条約で決められた前線の偶然の形状からきている。

この本では、まず前史時代から一四五〇年頃までのオランダの過去を手短かに概観する。国の形成に主要な影響を持った一五五〇年までのブルゴーニュ・ハプスブルク時代は、より詳細に記され、一時「ネーデルラント一七邦」に属していた今日のベルギーの歴史を含める。今日のオランダの基礎となった北ネーデルラント七州の独立闘争は、この期間にオランダが主権国家、さらに共和国として誕生し、最初の経済的、文化的繁栄を経験したため幅広く記述する。

これに続き、一七世紀、一八世紀のオランダ共和国の発展と、一七九〇年代と一九世紀の初めの時期におけるフランスの支配のもとでの一時的な独立の喪失を分析する。

最後に、独立を回復し、オランダが少々驚くべきことに共和国ではなく王国として再建された一八一三―一八一五年から始めて二世紀の間のオランダの歴史を記録する。

この版では、本文は必要に応じ改訂され、新たなイラストが追加された。

ダム広場のアムステルダム市庁舎、G. ベルクハイデ（1638－1698）画。17世紀にヤコブ・ファン・カンペンによって建造され、現在は王宮のひとつとして使用されている〈AM〉

# 1. 先史時代から紀元前五七年までの社会、経済、文化

## 氷河期

「先史時代」と呼ばれる何百万年の間、一連の「氷河期」あるいは「氷期」が北ヨーロッパの性格を決定した。書かれた史料は存在しないが、この遠い時代の世界がどのようであったか、歴史地理学や古生物学が我々の理解を手助けしてくれる。

二〇万年ほど昔、現在のオランダの一部は厚い氷に覆われていた。この最後から二番目の氷河期は紀元前一三万年頃まで続いた。堆積が氷によって持ち上げられたとき、大きな河川の南北に丘のような隆起が形成された。続く何千年の間に、北極の氷は溶け、海面は上昇し、力強い氷河が丘の間にくり抜いた谷は水で満たされた。その結果、当時の海水面は現代とほぼ同じ水準であったにもかかわらず、海岸線は全く違うものであった。

紀元前一万年ころまで続く第四期の最後の氷河期には、氷がオランダに再び到達することはなかったが、この期間土地はまだ荒れ果てたツンドラに過ぎなかった。紀元前八〇〇〇年ころ海面は再び上昇し始めた。紀元前五〇〇〇年までには今日の北海の海岸に沿って海壁または海岸砂丘が形成されていたが、オランダ西部の広い地域は定期的に洪水を受けていた。従って、キリスト生誕の頃、この地域は、状況が許せば遊牧民が利用する可能性はあったが、定住には不向きであった。

オランダの最初期の住人についてのわれわれの知識は全て、これまで偶然得られた考古学的出土品と、より近年では計画的発掘によって得られた考古学的出土品の双方に由来している。かくして、オランダを貫通してロッテルダムの海岸地域とドイツ国境を結ぶ幹線の鉄道を建設するという一九六六年の決定は、初期のオランダの歴史の調査のためにまたとない機会を提供した。今日では現在のユトレヒトの丘陵地帯には紀元前一五万年もの昔から人々が住んでいたものと考えられている。彼らはトナカイのような大型の鳥獣の猟をし、果物や木の実を採集していた。原始的な道具は火打石で作られており、有名な石斧もあった。しかし、氷帽が拡大して彼らは追いやられ、人間が戻ってくるまでには長期間を要したものと見られる。紀元前九〇〇〇年頃人々が戻った時、おそらくまだ恒久的な居住地というものはなかったと思われる。これらの人々は食物を求めて時折その地域に入り込む遊牧民であったにすぎない可能性が高い。

ハヴェルテ付近の巨石墓、漏斗型ビーカー文化人の建造になる〈RMOライデン〉

かくして、北ブラバントには狩猟民の宿営地と思われる遺跡が発見された。これらの狩猟民の使った火打石製の道具は以前の居住者の使っていたものよりもはるかに精巧にできていた。紀元前七〇〇〇年頃に遡る斧が、当時は陸地であったが、後年また海水に覆われることになった北海で発見されている。

これらの狩猟民は木の実や果物を糧とする採集民でもあったが、紀元前六〇〇〇年頃新たな人々が到来したときに、依然としてオランダで跋渉していたかどうかは分かっていない。しかし、新来の人々が農民であり、おそらく家畜を持っていたであろうことは分かっている。彼らはおそらく、南東ヨーロッパから、あるいは紀元前九〇〇〇年頃に農業と牧畜が始まったとの説のある中央アジアから、西に移動してきた人々の末裔であろう。また、農業や牧畜という発明自体がなんらかの文化の伝播により西に広がった可能性もある。

おそらくここで最初の定住者となった新来の人々の集団のうち、あるものはその土器の渦巻き文様から「帯紋土器人」と呼ばれている。人々は多数の家族で長屋にまとまって住み、大きな農地で働いた。これはリンブルフ州南部の丘陵地帯の発掘からも、主要河川沿いの高い河岸の調査からも判明している。狩猟民である先祖同様、「帯紋土器人」は依然としてある種の石器を使っていた。リンブルフでは五世紀以上にわたって使われたとみられる火打石の鉱山も発見されている。

## 漏斗型ビーカー文化と鐘型ビーカー文化

定住地の遺跡や土器に加えて、オランダ先史時代の住人の埋葬地が今でもいくつか見られる。紀元前四四〇〇年から二七〇〇年頃の時期の遺跡と推定される「漏斗型ビーカー人」と呼ばれるもう一つの集団が残したものは特に印象的である。実際にはこれらは墓としてではなく、死者の骨を納める納骨堂として使われていた。これらの巨石墓地あるいは「古墳」は、この地域に当初氷によって押し出された大規模な巨石から建てられ、後に人工的に埋葬室の形状に整えられ、元来は砂で覆われていた。漏斗型ビーカー人は、農民であり、牧畜民であった。海岸沿いの砂丘に住居が発見された「フラールディンゲン文明」も同様であったが、紀元前三五〇〇年頃から紀元前二五〇〇年頃にかけて繁栄した。漁業も彼らの経済の重要部分であったことは驚きではない。

帯紋土器人の集団から発展したかもしれないいわゆる「鐘型ビーカー人」の遺跡は彼らが更に高度な技術水準に達していたことを示している。出土品から彼らが交易により入手した銅を使い、鍛造技術を習得していたことがわかる。これは勿論長距離の交易が存在していたことを示すものであり、更にこの交易は北西ヨーロッパの広い世界との何らかの文化の伝播をもたらしていたに違いない。実際、鐘型ビーカー土器文明は、オランダに発し、後に他の地域に広がった最初の文

ゼーラントのウィレムスタット付近で発見された小彫像。紀元前5300年頃のもの。柔らかい樫の木片から、恐らく狩猟民により火打石製のナイフにより彫られたもの〈RMOライデン〉

漏斗型ビーカー文化に属する土器、20世紀に発掘されたもの〈ドレンテ博物館〉

化のひとつである。
またこの頃、木製の鋤を含む最初の農具が使われ始めた。初めはこれらの農具は軽い土に溝を引く程度のものであったであろうが、手か棒で土地を耕すよりは大きな改善になった。ほどなく新たな農業技術は穀物の増産をもたらし、これが今度は人口の増加を可能にした。

オスで発見された紀元前700年頃のものと思われる青銅の甕棺。高位の人のものと思われる遺体の他に金細工の刀ひと振り、青銅の小刀数振りと複数の布片を入れていた〈RMOライデン〉

## 青銅器時代

紀元前一九〇〇年から紀元前七五〇年の期間は、銅でできた道具、および銅と錫の合金である青銅でできた道具が広く使われるようになり、技術分野の新たな進歩を画したため、欧州の青銅器時代として知られている。

また、この時期は、重要な考古学的発見に示されうるように、地域を越えて幅広い交易の開始が見られた。華麗なビーズの首飾りがドレンテ州のエックスローで発掘されたが、これはコーンウォールで採鉱された錫とバルト海からもたらされた（樹脂の化石である）琥珀とエジプトからもたらされた土器のビーズから成っており、陸上の交易経路か地中海の商人によってここに運ばれたものである。しかし、最近では、釉薬をかけた土器はイングランドからも来たこと、琥珀はオランダの海辺でも見つかることが示唆されており、解釈は今後も変わり続けるであろうことが示されている。

青銅器時代の末に葬礼の変化がみられたが、これは文化の変化を示している。死者の遺体はもはや土葬ではなく火葬にされ、灰を入れた壺が特別な骨壺葬地に置かれた。明らかにいまや人々は肉体ではなく霊魂が存続するものと信じたように見られる。死者とともに埋められた副葬品はこの時期にオランダ南部の住人がケルト系であり、北部の住人はいわゆるゲルマン民族であったことを示唆している。しかし、突き詰めれば、彼らは全て今では南東ロシア、北イラク、北イランとして知られる広大な地域に元来住んでいた種族の末裔であろう。キリスト生誕前の最後の千年紀に、周期的な移住の波の中で、彼らはインドに、また中欧、西欧に移住した。各種の欧州語に最も明白な、この共通の起源により、これらの人々は「インド・ヨーロッパ語族」と名付けられた。これは、十分な時間を与えられれば、外国人として到来した人もやがて土着の人となることを示すものであろう。

## 鉄器時代

さらなる技術の発展を画す鉄の生産はオランダでは紀元前七五〇年頃からと判明している。この時にまたも入植者はドレンテの、高地ではあるが比較的やせた砂地での安全を捨てて、フローニンゲンやフリースラントの肥えた海の泥土に向かった。彼らは牧畜民となり、土地を放牧に利用した。満潮によって定期的に冠水するため、彼らは丘を造り、その上に農地を建設した。これは海からの浸水に対するオランダ人の最初の防御態勢であったと思われる。この方法でのみ身の安全を守ることに満足せず、後年彼らは堤防を建設し、ポンプ、風車その他の土地を乾燥させる発明を通じて水を制御し、海を干拓することにも成功した。青銅の器や金の装飾付きの鉄製の武器が発見されたブラバントのオ

バターフ人とローマ人との戦いを描く17世紀初期の絵画〈RMA〉

スの巨大な王家の墓に明らかなように、この間人々は川にそって広がる砂丘の上に住み、繁栄し続けた。

　先史時代の最後の数百年に、ヨーロッパ北部から移住してきた種族はケルト人を更に南に追いやることに成功した。その結果、文書により記録される時期の初めには、現在のオランダには北部のフリース人や主要河川に沿った地域のバターフ人のような主としてゲルマン系の種族が居住していた。ローマの著述家のタキトゥスはローマの領域を拡大するため北に進軍した兵士によって提供された情報を用いて、ゲルマン民族を誇り高く、気難しく、好戦的であると評した。彼によれば、密集した村や町に住んだ南の人々と異なり、彼らは人工の丘の上で住居と住居の間に距離を取ることを好んだ。彼らは木の神殿において、あるいは野外であっても神聖と見做された場所で神々への生け贄を供えた。

# 2．ローマ支配期（紀元前五七—紀元四〇六年）の社会、経済、文化

オランダに言及する最初の文書は紀元前五七年に始まる。それは現在ベルギーとして知られる国を主として扱っている。この年、ローマの将軍ガイウス・ユリウス・カエサルの軍隊はエブロネス人やメナピイ人のようなスヘルデ川およびムーズ（またはマース）川の南に住む、多くとも一〇万人程度のケルト系の多くの部族を打ち破った。有名な「ガリア戦記」のなかでカエサルはケルトの部族について詳細に叙述している。このオランダについての最も早い記録は、後にローマの史家のタキトゥスのような著述家によって用いられた。彼は紀元九八年に書いた「ゲルマニア」のなかでローマ帝国の北の境界線の両側に住む民族の文明について叙述した。彼によればケルト文化は大変華麗なものであった。これはナイメーヘンで発見された入念な装飾のある青銅鏡やネールハーレン村から出土した美しい銀の壺のような考古学的発掘物からも知られる。

ナイメーヘン付近で発見されたガイウス・ユリウス・カエサル（紀元前100－44）の大理石の頭部〈RMO〉

## ローマ文化の影響

ローマ人の出現は土着の部族の生活様式に幅広い影響を及ぼした。カエサルとその後継者たちはローマ帝国の前線をライン川に沿って設けることを決定し、また、これを戦略的で防御力のある一連の駐屯基地によって固めた。これら

2003年ウールデンで発見されたローマの船の遺物

ナイメーヘン付近で発見された紀元1世紀の青銅と銀メッキ製のローマの兜のマスク

の基地は道路や時には運河によって結ばれ、これが軍隊や補給の迅速な移動を可能とするとともに交易をうながした。ナイメーヘンはこのような基地のひとつであった。ローマ人はここに定住した際、インフラストラクチュア網を建設したことに加えて、宗教、言語、日常生活などのローマ文化をもたらした。これはガリアやゲルマンの習慣と混じりあい、また完全にこれに取って代わる場合もあった。

ベトゥヴェのエルスト村で発見されたような神殿が数々建設された。(この神殿は今では現地の教会の下に埋もれているが、これは後年キリスト教徒が異教に対する勝利をどのように祝ったかを示している。)美しいヴィラが広大な農地の中心に建設され、各部屋は色とりどりのフレスコ画やモザイクで飾られ、手の込んだ入浴施設を備えていた。金銀の装身具や用具が持ち込まれた。さらに、主として交換に基づいていた先住民族の経済は今やローマ人の貨幣制度によって影響されるようになった。

これらは主要河川の南に住むケルト・ゲルマン部族に影響を与えた。さらに北方にすむフリース人はローマ人の支配に決して従わなかった。彼らは暫くローマに進貢することを余儀なくされたが、紀元二八年の反乱の間にはこのくびきさえ振り払った。とはいえ、北部オランダもローマの駐屯基地の町との交易を通じてローマ人の影響を受けた。彼らは穀物その他の食糧とともに盾や軍服用の毛皮を供給し、代わりに贅沢品を受け取り、ローマの生活様式の一端に触れた。

## 人工水路

これより数世紀前、土着の民族は最初に海に対する人工的な障壁を建設していた。今やローマ人が最初の人工的な水路を建設しようとしていた。紀元前一二年に、軍司令官のひとりのドルススは、ライン川の北のいくつかの支流に十分な深度を確保するため、クレフェスの近くにダムを建設するよう命じた。彼はまた旧ライン川とフェヒト川を結ぶ運河を掘らせた。そこに建てられたローマの「監視塔」の近くから、最近二五メートルの長さの船がひと揃えの大工道具を備えた形で発見された。紀元五〇年頃、ローマの司令官のコルブロはマース川とライン川の河口を結ぶ運河を建設した。これらの工事の目的は、未征服のオランダ北部地域への、またブリテン島へのローマ人の通交を改善することにあった。

ネハレニア女神の祭壇、紀元150−250年頃

続く数世紀の間、水は再び住民に打撃を与えた。オランダの西部地域全体は、海水が定期的に氾濫するほとんど居住不可能な泥炭の湿地帯となった。キリスト教の時代の始め頃にはライン川とマース川の河口地域はかなり人口が密集していたが、紀

1831年にネールハーレンで発見された独特の銀の壺。部分的にケルト起源の幾何学模様によって装飾されている。底面にはギリシア文字とラテン文字による判読不能の文章がある〈RMO〉

元三〇〇年まではここはほとんど人が住まないところとなった。

　この衰退はひとつにはローマの力と権威の衰えによって起きた。首都ローマの軍司令官たちは、紀元三世紀には継続して帝国の支配を争い、帝国の前哨地を統制する手段をしばしば欠くことになった。ローマの心臓部の地域における諸問題によって、ローマ帝国の部隊は徐々にオランダから撤退した。

　これは深刻で長期にわたる影響をもたらす結果となった。ローマ人が最初に到来した時には、地域を二つの県に分け、これを更に地方政府の都市センターである「キヴィタス」に分割し、権威を力に変える軍団がこれを防衛することにより、効率的な行政単位が形成されていた。三〇〇年の後、中央政府に力がないことがますます明らかになるにつれ、これらの水路を適切に機能させるために必要な労働力を組織することは現実に問題となり、最終的に体制は完全に機能しなくなった。また、北側の境界線も主としてゲルマン系の部族もしくは戦闘集団の攻撃に今や脆弱となった。彼らは中部および東部ヨーロッパから継続的に波となって移動し、境界線を越えてより繁栄した帝国内部の地域に入ろうとした。

　伝わるところによれば、オランダにおけるローマの支配は、紀元四〇六年ついに最後を迎え、このときローマの軍団はライン川の境界線を守るために建設した一連の砦から撤退した、いや、撤退することを強いられた。

# 3．ゲルマン世界の社会、経済、七五〇年頃まで

ローマの文明の多くはローマ人がこれらの地域から撤退した後に消え去った。その結果、ガロ・ゲルマン文化がふたたびこれに取って代わった。

経済的には、ゲルマン社会は貿易とこれに伴う文化の伝播よりむしろ農業のみに基礎をおいていたため、ローマ文明より「原始的」であった。政治面は、ローマ期ほど複雑でなく、行政面はより官僚的でなく、階層的でないのは明確だった。しかしながら、家族または氏族的な構造の上に、より大きな政治的、文化的な単位がゆっくりと築かれていった。これが前述の部族であり、時に「種族」あるいは「民族」とさえ呼ばれた。これは聖職者や族長によって率いられ、また、有事の際にはおそらく部族の最も勇敢な男の中から選ばれたと思われる軍事指導者により率いられた。

このようにして、紀元三世紀から四世紀にかけて多くの小規模なゲルマンの戦闘集団やその他の集団がゆっくりと統合され、時に部族または部族集団と呼ばれる、より大規模な組織体を形成して行った。徐々に、サクソン人とフランク人の二つの集団が出現した。北方にはフリース人が勢力を保持していた。次の数世紀の間、このより複雑

フランクの「フィブラ」。貴柘榴石と組み合わされた鳥型の青銅の留め具。この宝飾品はヘンネップ付近に住んだ5世紀の女性が所有していた〈RMO〉

化した社会は裁判集会の長と、（後に普通は王と呼ばれた）族長の家臣の二人によって率いられる各地方に分かれていった。六世紀以降には裁判集会の長と族長の家臣は同一人が占めるのが通常となった。

## 王位と階級

ゲルマンの国家と王のあり方は今日同じ名称で呼ばれる制度と類似するところはなかった。ゲルマンの王国は時間的にも地域的にも固定した存在ではなかった。王は部族の自由人で身体壮健な男たちの会合で選出された。時には、王の地位は、先祖が高名であったり、英雄であったり、あるいは半ば神聖であったりさえして、自らがその末裔であることを誇るような特定の家族の成員の特権となったが、その場合でもその地位は人々の好意によって存在したに過ぎなかった。

王の主たる関心はドルイドという神官と協力しながら、神々の世界と人間の世界を調和させることであった。戦時に軍を率いるのは通常王であったが、より高い軍事的能力を示すものがいる場合には、他の者が選ばれて軍を率いた。王は地方の司法行政のような部族内部の問題についての発言権はなかった。これは地域の共同体自体が取り扱った。

社会的には、ゲルマン人は貴族、従士または自由民、解放奴隷、奴隷の四つの階級に分かれた。貴族はまだ必ずしも世襲というわけではなかったが、やがて過去の顕著な軍事的成果の見返りとして地所を得た者の末裔の人々から構成されるようになった。上位二階級に属する男のみが部族の集会に参加する資格を持った。ただし、この集会は定期的に開かれるものではなく、今日の議会の何らかの先駆けとみるべきではない。

## サクソン人、フリース人、フランク人

ゲルマン民族のサクソン人は、オランダの東部に住んでいたが、その勢力の中心はオランダの主要河川を越えて今日のドイツにあった。従って、特に地方において、その言語は現在のオランダ語に痕跡をとどめており、その文化も同様であるが、ここでは取扱わない。

やはりゲルマン民族であるフリース人は、元来ドレンテの不毛な砂地を去って、水に浸った北部の丘陵の上で何世紀もの間生き延びてきた入植者の子孫である。ローマの時代に、彼らは自らの生産物（主に家畜、毛皮、羊毛）を、贅沢品や、時には金銀と交換しながら、交易に従事し始めた。やがて、彼らは、北西ヨーロッパ全体で良く知られたいわゆるフリース毛織を生産することで大変有名になった。しかし、これは実際にフリースラントで生産された羊毛から作ったものなのか、フランドルで買って船で運び、自らの名前で売ったものなのかについてはいくらか疑問が残る。紀元四世紀および五世紀までには、丘陵の住人はオランダの他の地方の住人に比して高い文化水準に達していた。彼らは軍事力によって勢力を広げることができ、その後、遠く主要河川に至るまで南

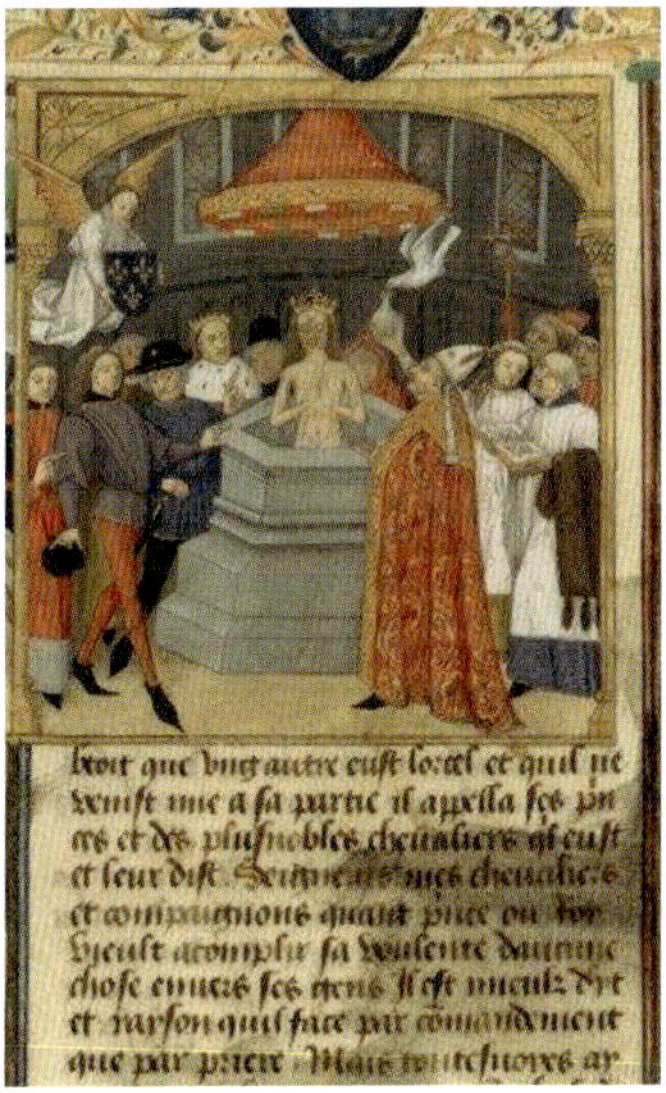
中世フランスの写本に描かれたクローヴィス王の洗礼

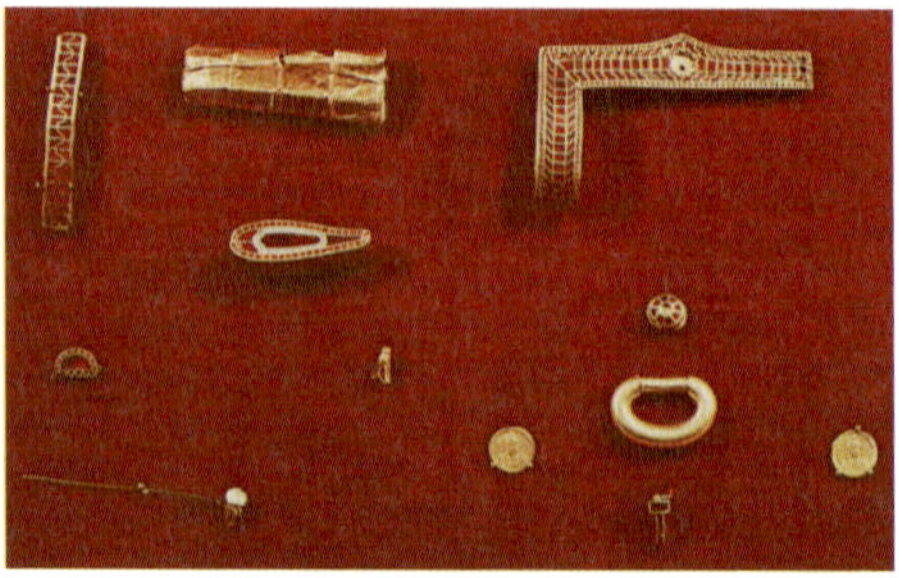

メロヴィング朝の支配者のひとりであるヒルデリク王（紀元440－482）の埋葬品

の地域に植民し、沿岸航海によってフランドルにさえ達した。

ライン川、ワール川、マース川の南方に定着したガロ・ゲルマン民族であるフランク人は、ローマ人の撤退後、数世紀の間に広大な領域を征服した。メロヴィング朝のローマ化した部族の長で、紀元四八一年から五一一年までフランク人の王であったクローヴィス（クロートヴィヒ一世）は、今日のベルギーを基盤として数多くの戦いを行い、今日フランスとして知られるローマ時代のガリア全体と北イタリアにまたがる領地を得た。ナイメーヘンにあるかつてのローマの砦の遺跡に沿ってメロヴィング朝の居住地が発見されたことに証されるように、彼はライン川に至る北方までオランダを支配した。クローヴィスの死後、彼の「フランク人の王国」は四人の息子の間で分割され、彼らは緊密に協力することが期待されたが、互いに不和となることを避けえなかった。テオドリック一世が南部オランダを含むアウストラシアと呼ばれた地域を支配した。

一方、フランク人の貴族は軍事力によって王の権威に挑戦し、ますます独立性を強めた。特に、王宮の長官や侍従が大きな力を得た。七世紀以降、宮宰職は後にカロリング家と呼ばれたピピン家の世襲となった。ほどなく、彼らが実際にフランク人の王国を支配するようになった。しかし、王と同様に彼らも地方の有力者の支持なしに済ますことはできなかった。

# 4．ゲルマン世界の文化：異教とキリスト教への改宗

## ゲルマンの神々の世界

ゲルマン諸民族が自然のすべての聖なる力を信じていたことは考古学によっても、またカエサルやタキトゥスが残したような著作によっても示されている。多くの理解不能な自然現象に日々接した経験から、彼らは想像の世界を造り上げ、これらの力を体現し、故にこれらの力を支配する神々でその世界を満たした。この神々のうち最強のものは戦いの勝者であり全ての王族の先祖であるヴォーダンまたはヴォータンであり、族長はこれらの神々を含むところまで自らの出自を遡らせることにより、その権威を正統化した。もうひとりの強力な神、ドナール神は雲と雨、雷と稲妻を司り、農耕共同体で最も重要な神となった。次に愛と繁殖力の女神であるフレイアがいた。これらの神々や重要性のより低い数多くの神々は、しばしば地域による差異はあったが、日常生活に良くも悪くも影響を与えるものと信じられていた。

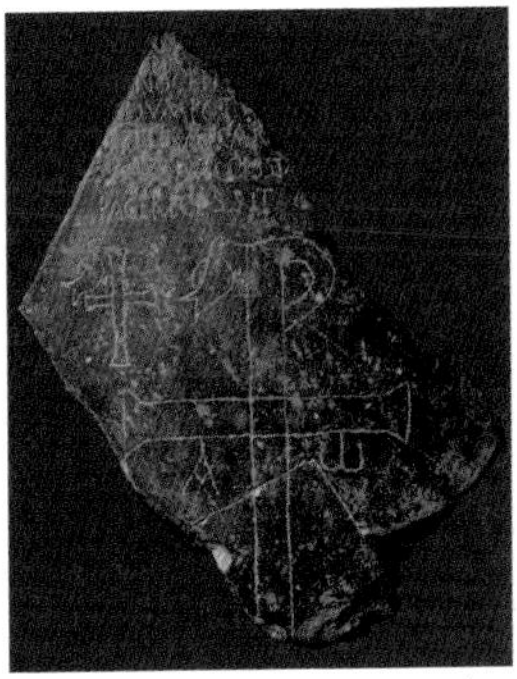

マーストリヒトの聖セルヴァティウス大聖堂の墓地から出た5世紀頃のものと思われる初期キリスト教の墓石 〈RMO〉

これらの神々はこのように自然と密接に結びついており、多くは自然の中で、特に巨大な古木や、水源や丘の上といった、それ自体畏敬の念を起させるような場所で崇拝された。

神々のために木造の神殿が造られた。天然のあるいは人工的な囲い地の中に祭壇を設け、その上で生け贄が捧げられた。通常は、部族の集会もそこで行われ、政治的な諸問題（その多くは軍事的な問題を意味する）に関連する決定に神聖な正統性を与えた。

巡礼の記章、この場合は広く尊敬されたマーストリヒトの聖セルヴァティウス廟を訪問したことを示すもの

## フランク人支配下でのキリスト教への改宗

紀元二世紀、三世紀の間に近東からローマ帝国全体に広まったキリスト教は、すでに四世紀にはオランダのローマ化された地域で信者を獲得していた。事実、北の境界地域に沿ったローマ人の墓にはキリスト教の十字架が発見されている。記録によれば、紀元三四三年と三五九年にトンゲレン（現在はベルギーの小都市）の司教であるセルヴァティウスが地域の司教会議に何度か参加している。その後、セルヴァティウスはトンゲレンからローマの基地がおかれた町でもあるマーストリヒトへ司教座を移した。彼は今日自分の名前を冠した大きな教会が建っている場所に埋葬されたと伝えられている。

しかしながら、キリスト教にとっての真の飛躍は、六世紀の始めにフランク王であるクローヴィス一世の洗礼とともにもたらされた。彼はゲルマンの敵との戦いの最中にキリスト教の神への信仰を誓ったと伝えられる。控えめに言っても、この洗礼には明らかに政治的な動機があった。その頃までには元はローマのものであったフランク帝国内の町や村でキリスト教徒は多数に上っていたし、キリスト教の効率的な政治的、財政的組織は、力と権威を伝えるための歓迎すべき手段として王が切望したからである。

　フランクの支配者に強力に擁護されて、紀元七〇〇年までにはオランダの主要河川の南方全域はほぼキリスト教に改宗を終えたが、北方ではゲルマンの信仰が依然として守られていた。紀元六三〇年にはユトレヒトに小さなキリスト教の教会が建てられたが、フリース人は祖先の信仰を続けていた。彼らはフランクの支配者に支援されて改宗を勧めに来た伝道師達を敵の先遣隊であるとみなし、信用しなかったものと思われる。既にキリスト教化されたアイルランドとイングランドからの伝道師がフリース人の間で活動を始めて、ようやく改宗が根付くこととなった。

　このような伝道師の最初はウィルフレッドと言う名の人であった。彼はローマに船で向かう途中フリースラントの岸辺に船で打ち上げられたが、アルドギリス王から歓待され、六七八年の冬の間フリースラントにおいて福音を伝えることができた。

聖ボニファティウスの殺害、12世紀の写本

## ウィリブロードとボニファティウス

　六九五年法王セルギウス一世は当時一時的にフランク王国の支配下にあったフリースラントの司教にアングロ・サクソ

聖ウィリブロード（紀元658－739）の想像画

ンの修道士のウィリブロードを叙任した。ウィリブロードはユトレヒトの古い伝道所を住まいとし、同地に聖マールテン教会と聖救世主教会を建てた。しかし、七一四年にフリース人の王のラドボトがフランク人を追い出したとき、彼は町から退去を余儀なくされた。

　もう一人のアングロ・サクソンの修道士であるボニファティウスはゲルマンの地での布教活動に成功した後、高齢にもかかわらず、敵対的で強情なフリース人に対し自らの真価を示したいと考えた。しかし、彼は同僚のウィリブロードがユトレヒトに戻ることを許されるまで、フリースラントに福音を伝えようとはしなかった。これが行われたのは、七三四年に宮宰であったカール・マルテルによってフリースラントが最終的にフランク帝国に併合されたときである。しかし、すべてのフリース人がボニファティウスの努力を歓迎していたわけではなかった。このため、彼は七五四年にドックムの付近で暗殺者たちの手により最期を迎えた。実際、新たな布教活動にかかわらず、古い宗教は引き続き盛んであった。

# 5．カロリング帝国の社会、政治、経済、文化（六五〇―八五〇年頃）

## フランク王国の拡大

主要河川は何世紀もの間、その南に位置する国々にとって、自然の境界の役割を果たした。初めはローマ帝国であり、その後はフランク王国である。ローマ人はライン川に沿って多くの軍事的要塞を築いていた。七世紀に、これらの要塞のひとつであるレヴェファヌム砦の付近で、ドーレスタットと呼ばれる交易集落が発展した。これは現在のウェイク・バイ・ドゥールステーデの町の近くである。やがて、この町は北西ヨーロッパ全体の交易を支配したので、フリース人とフランク人の双方にとって大変重要となった。それはフランク王国の経済と南方の地中海とを、北方のバルト海に結び付けるルート上の中心的市場であったからである。ドーレスタットにおいて北西ヨーロッパは、バルト海におけるロシアとの交易関係を通じて、バグダッドにいるイスラム国家の首長たちの大きなアジア経済とさえ結びついていた。このルートに沿ってドーレスタットには、西欧経済にとって重要な銀の供給がロシアとペルシア経由で、琥珀、毛皮、穀物がバルト海の沿岸から、またワインがフランスからもたらされた。異国風の産物が北アフリカから輸入された。

地域の権力者がこの地を手に入れようとして戦うのは避けられなかった。六八九年にフランク王の宮宰であったピピン二世はドーレスタットにおいてフリース人の王であるラドボトを打ち破った。ピピピンの死後、ラドボトは領地の回復に成功した。しかし、フリース人の王の支配はやがて幕を閉じることになった。上述の通り、七三四年にフランク王国の総司令官であるカール・マルテルはフリース人の軍司令官のブボを打ち破った。いまやフランク王国はラウウェルス海と北海に至るまでに広がった。

## 宮宰から王へ：カロリング家

カールの息子のピピン三世は、最後のメロヴィング朝の支配者を廃したのち、自らフランク人の王と称した。自らの王権は民衆や貴族によって選出されるゲルマンの支配者とは性格を異にすることを示すべく、彼はアングロ・サクソンの伝道師であり司教たるボニファティウスによって塗油聖別された。ピピンは歴代ローマ皇帝の伝統のなかに、さらに、常に神の高僧により塗油聖別されるユダヤ・キリスト教的支配者の伝統のなかに自らをより一層意識的に位置づけた。このようにして、フランクの君主は帝政ローマと旧約聖書の伝統を持つキリスト教文化から新たな威厳を獲得するとともに、その権力を民衆や貴族の手の届かぬものとした。

## カール大帝（七四七／七四九―八一四年）

ピピン三世は七六八年に死去し、二人の息子が後を継いだ。そのうちカルロマンはわずか三年後に死去した。後にカール大帝として知られることになる、残った息子のカールがフランク人をひとりで治めることとなった。その王国を守りまた広げるため、カール大帝はその支配地域の北西の境界を脅かすサクソン人に対して手を緩めることなく遠征した。七八五年に決定的勝利を得たのち、彼はこの地における支配を受け入れさせた。また、北部スペイン諸部族との戦いで南西部において、また、北イタリアの一部を征服して南東部においても権威を確立した。

彼は父親以上に自らを合法的なローマ皇帝の後継者とみなし、その支配と帝国を再興しようとした。このために八〇〇年に彼はローマに赴き、法王によって戴冠された。

レオ法王によるカール大帝の戴冠、15世紀の写本

しかし、彼の帝国は決まった首都を持たなかった。確かに、彼は以前ローマの町であったアーヘンが特に気に入って宮廷を置くことがしばしばであったが、その領土の前哨地の各地も定期的に訪れた。このようにして、彼はナイメーヘンのあるオランダにしばしば滞在した。この町には宮殿を兼ねた城塞があったが、アーヘン同様かつてはローマの、後にはメロヴィング朝の入植地であり、それ以上に国境の町としてナイメーヘンは戦略的に重要であった。

カール大帝の王国は主たる行政区分である伯領の責任を負った伯と呼ばれる役人によって治められた。トゥエンテ、バトゥア（ベトゥウェ）、ホーイ、ブラバントなど、これらの伯領の名前のいくつかは今日のオランダでも残っている。カロリング朝の伯の主たる任務は、いわゆる長老と呼ばれた自由民からなる裁判集会の長として治安を維持し、法を司ることであった。広大な帝国は連絡が滞りがちで、これらの伯は容易に独立性を強めたので、彼らを統制すべく、皇帝はしばしば調査のため腹心の者を送り込んだ。

## 統治の手段としての封建制度

カール大帝の征服によって、フランク帝国は、特にカロリング朝の初期には、広大な国家となったが、支配者の権力、中央政府の権力は今日の基準でみれば明らかに限定的なものであった。必然的に、支配者は多くの信頼する親戚や家来で周囲を固めることとなった。彼らは明らかに自ら王国全体を統治することはできなかったし、また、文書による指示だけで行政を行うことはできなかった。大抵の人々は字が読めなかったので、権力は人を通じて、またそれぞれの地域において行使されねばならなかったのである。その結果、大半の君主は、ある種の君主権の行使を、司法や課税のみならず軍事的な事項についても、大土地所有者である地方の有力者に委ねざるを得なかった。これらの「高官」は報酬としてさらに土地を得、特権を得た。彼らに従い、これを助けた者もそれぞれ土地を与えられた。しかし、公式にはこれらは恒久的にまた自由に保有するため与えられたものではなく、特定期間だけに限って与えられたものであった。「封建制度」の由来である「封土」は、継続的に提供を義務付けられた王への奉仕への見返りとみなされた。この制度は慣例化されたものを見る限りでは柔軟なものであった。戦いでフランク王に対して土地を失った者でさえ、封土としてこれを保有することを許された。代わりに彼らはフランクの君主権を認めねばならなかった。

## 封建制度と大土地所有

農業は依然としてカロリング朝時代の主たる生業であった。しかし、帝国の成長につれ、また君主が特典を付与することにより支持を取り付けねばならない地方の貴族の力が増大するにつれ、経済社会組織に大きな変化が生じた。以前はゲルマンの社会において稀であった大土地所有はいまや通例になった。これは一定の土地を自ら使用するために与えられる一方、領主に属してこれを耕作する義務も負う、農奴という新たな階級を生じさせた。三世紀から七世紀の間に地中海の南方と中東からの貴金属の輸入が次第に減少したことにより貨幣経済が衰退したことも、この農業経済への逆戻りにひと役買った。支払いはいまや現物か個人の役務によって行われるのが普通になった。

中世の農業

## 交易の隆盛

他方、カロリング帝国の組織的構造に保証されて長距離の通交の自由度と安全性が増し、経済的な変化がもたらされた。七世紀以降、農業に加えて商業が再び重要となった。カロリング朝統治の継続下で帝国の境界が北方に移るに従い、八世紀と九世紀に北西ヨーロッパの交易は活発となり帝国全体に繁栄がもたらされた。

ここでは、フリース人が主導的役割を果たした。まさにこの時期、ドーレスタットという交易の中心地はフリース人の最も重要な商業的中心となった。事実、この何十年かにわたり、考古学者はこの町が以前思われていたよりもずっと大きく、人口が多く、豊かなことを発見して驚かされてきた。

しかしながら、九世紀になると、この繁栄した社会はノルマン人と呼ばれる、デンマークやスカンジナビアからの荒くれ者集団による破壊的な襲撃に苦しむこととなった。また、自然も干渉した。ライン川が再びゆっくりと川床を移したため、ドーレスタットの港は使用されなくなったと見られる。ドーレスタットの他、メデムブリックとスターフォーレンも重要な交易センターに発展した。いずれの町も大きなアルメーレ湖（後のザイデル海、現在のアイセル湖）の沿岸に位置し、北海と国際貿易に繋がっていた。

## カロリング・ルネッサンス?

カール大帝とその後継者は、大半が聖職者であった取り巻きの知識人とともに、古代ローマとギリシアの文化を復活させることに際立った関心を示した。カロリング・「ルネッサンス」と正しく見做されてきた事象である。カール大帝自身フランク語を話し、書いただけでなく、ラテン語も話し、書き、おそらくある程度ギリシア語も知っていたと思われる。彼はまたエリートの間にラテン語の学習を広く普及させた。書き言葉としてのラテン語は帝国とその政府にとって効率的な伝達手段、「共通語」たるべきものであったからである。教会がフランク人の上流階級の教育を主導した。必然的に教会は古典を基礎に教科を組むこととなった。教えられた学科は「七つの教養科目」であった。文法、修辞学、論理学からなる「三科」が若い生徒に教えられ、地理、天文学、算数、音楽からなる「四科」が上級の学生により学ばれた。かくしてこの期間に学問のある修道士の熱意により多くの古典の原本が後世のため保存された。事実、修道院は主として哲学、文学、芸術の分野におけるラテン語の学問とローマ・キリスト教文明の伝統を生かし続ける（学術）文化の中心となった。しかし、ほとんどの教会の指導者は、キリスト教のカロリング帝国を統治するために十分な教育を受けたエリートを養成するのに役立つような要素、また、キリスト教徒としてのより文化的な生活に資するような要素を古代人の思想や作品が含む限りにおいて、これらを保存することに関心を有していたにすぎない。

明らかに、教育は主として将来の聖職者と貴族の一員のような、選ばれた少数の者のための領分であったにすぎない。これはアーヘンの宮廷学校に加えて、修道院において、また、大聖堂に付属する学校で提供された。聖マールテン教会と聖救世主教会に属するユトレヒトの学校は名声を博した。フランク帝国の北方全ての地域から、聖職者たらんとする少年達が教育を受けるために送られて来た。後日彼らは修道院や教会の所領を治めるだけでなく、カロリング朝の王やその後継者に官僚として仕えることもしばしばであった。実際彼らはフランク人の社会では真に教育を受けた唯一の集団であったからである。

ドーレスタットで発見された紀元800年頃の金と宝石を嵌めたブローチ。二つの十字架のみならず、金糸によって、いずれも天国に繋がる命の樹と鳥が造形され、エナメル、彩色ガラス、半貴石、小さな真珠が象嵌されている。この宝飾品は明らかに教会の高位者の所有物である〈RMO〉

カール大帝の顧問の一人であるアルクインと彼の弟子の一人がマインツの司教に書物を手渡している

カール大帝は音楽教育も奨励した。彼はメッスに合唱の学校を設立し、また、グレゴリオ単旋聖歌を導入することにより、聖職者が教会の礼拝に讃美歌の歌唱を取り入れることを助けた。これはもちろん典礼をより華やいで魅力的なものにした。このような措置は全てキリスト教をフランク人に定着させ、これにより帝国の文化的一体性を強めさせることとなった。

## カロリング帝国の分割

カール大帝は三人の息子それぞれに帝国の一部を与えようと計画しており、決して統一された欧州国家を構想したわけではなかったが、八一四年カール大帝の死去に当たり、帝位は存命の息子で、「敬虔王」の愛称で呼ばれたルイに引き継がれた。八四三年ヴェルダン条約により帝国はルイの三人の息子の間で分割された。後にオランダとして知られることになる領地で、様々な伯領を含む中央部はロタールが帝位とともに受け継いだ。

八五五年にロタールが死去すると、この中央の国は再度分割され、またも三つの部分に分かれたが、このときオランダは最も北方の新たに設けられたロレーヌ王国に割り当てられた。東西フランク王国により何度か分割、併合が行われた後、九二五年ドイツ王ハインリッヒ一世がロレーヌを従え、オランダの領土を支配することに成功した。公式には、地域全体は一六四八年のミュンスター条約とオス

カロリング帝国の地図

ナブリュック条約の締結まで、広大ないわゆる神聖ローマ帝国の一部にとどまることになった。

　現実には、やがてこれらの領土や数多くの下部行政単位の支配力はカロリング朝を継承した皇帝や王の手を離れ、ますます中央政府からの自立を強める地方の有力者の手に帰することとなった。まさに、カール大帝の死後数世紀の間に中央の権力は徐々に弱まり、地域の貴族の主だった者は事実上独立した君主となった。

　このような過程における一つの要素は、八〇〇年頃から一〇〇〇年頃の間にノルマン人あるいはヴァイキングの侵略が起こした混乱と不安であった。生命と財産を守るうえで旧支配者が力をなくしたと考えた多くの人々は、武力による保護を提供できる俗人の土地所有者であれ、富裕で有力となり軍事的にも精神的にも安全を提供できる教会の支配者（特に司教や大修道院の院長）であれ、地方の有力者に土地を託すことを決めた。通常、このような保護を受けるために、ひとは「主君」に対して、軍事的な奉仕を提供することを約すとともに、自分の土地の形式的な所有権を手放すことを約す必要があったが、その土地は引き続き使用することが許された。

# 6．ノルマン人の襲来（八五〇年頃—一〇〇〇年頃）

ノルマン人またはヴァイキングという名前は特定の部族集団を指すものではない。これは今日デンマーク、ノルウェー、スウェーデンとして知られる北欧の国々に八五〇年頃から一〇〇〇年頃まで居住していた人々につけられたものである。極北の寒冷の地では、彼らはせいぜい農業、漁業、狩猟とわずかに可能であった交易とによって不安定な生活を営んでいるにすぎなかった。しかし、気候の変動がこの数世紀の間、欧州での生活を再び変えてしまい、大陸の北部全体で特に農業社会に悪影響を与えたため、彼らの生活条件は悪化した。そこでヴァイキングは海に進出した。正直にまた平和裏に交易を求めることもあったが、略奪も行った。彼らは装備の良いヴァイキング船で欧州のほとんどの沿岸地帯を襲撃し、盗んだ財宝を持ち帰った。スカンジナビアで発見された銀の首飾りにはルーン文字で銘文が刻まれているが、これには、「われらはフリース人を攻撃し、戦利品を山分けした。」と書かれている。かくして、彼らは海賊および略奪者としての評価を得ることになった。

恐れられたノルマン人ロリクの20世紀初頭作成の肖像

　オランダに襲来したほとんどのノルマン人はデンマークから来た。特にカール大帝の死後、フランク王国は王位継承戦争とこれに伴う領土の分割により中央の権威が弱まったので、彼らはこの地域を定期的に襲った。地域の君主や貴族の間の戦いは同じくらい打撃を与えたにもかかわらず、現存する当時の文書は、無理もないことだが、すべての苦難を外国人のせいにして非難している。

ヴァイキングは、金、銀、宝石を含む宝物を持つ、真の富の唯一の源泉である教会と修道院に攻撃を集中した。南の地方に現れるようになってから初めの何十年かヴァイキングは夏の間しか襲撃しなかった。後には彼らは略奪した地域で冬の数か月を過ごすようになった。

この略奪者の力を抑えるため、カロリング朝の支配者とその後継者はしばしばその首領に封土を与えた。その代わり、協力したヴァイキングは他のヴァイキングとの戦いで彼らを支援する義務を負った。このようにして、八四一年ハラルトというヴァイキングはワルヘレン島に「侯国」を得たが、数年後彼の親戚のロリクはドーレスタットを含む地域の支配者となった。

しかし、この方針は常に成功したわけではなかった。八七九年から八八二年までの間住民が被った攻撃は最悪であり、ヴァイキングは何か所かに要塞を設け、そこから襲撃を繰り出した。改めてこれを抑えるため、その首領のひとり海賊王ゴットフリートは洗礼に同意したのちには、皇帝によりフリースラントの統治者にさえ任命された。それでも、ヴァイキングの勢いは直ぐには止まらなかった。

## 繁栄の傾き　ヴァイキングの襲来の終焉

欧州全体と同様に、オランダにおいても、大抵の人々は生活を農業に依存していた。自然が助力しないとき（紀元一〇〇〇年頃起きた「小氷期」のため、これはますます頻繁になった）、また、人々が播種や収穫のような畑仕事や、土手の手入れをするのでなく、戦役に加わることを強いられたときには、畑で必要な食糧を生産することはできなかった。

八九二年の不作のときに、厳しい食糧不足が起きた。これは、まだ地元民と通婚していなかったヴァイキングがこれらの沿岸地域から引き払い、イングランドに関心を向けるきっかけとなった。その結果、オランダにはまれに襲撃があるだけになった。ようやくわずかながら平安が戻った。事実、ユトレヒトの司教は九世紀の中ごろに町から逃れていたが、九二〇年に司教座に戻った。

11世紀頃と想定されるボルッセレの城塞の模型。これはいわゆる「城山と中庭」であり、貴族の一家の住む木造の本丸と並んで厩舎、倉庫、使用人小屋のための庭を持つ城である。この種の城は11世紀以降オランダでは通常であった 〈RMO〉

文献史料に残されている最後の襲来は一〇〇六年と一〇〇七年の間に行われた。このとき略奪にあった場所のひとつがティールの町であった。その時以来ヴァイキングはもはや敵とは考えられなくなった。彼らの大部分が既にキリスト教を信奉し、これとともに地域の文化を受け入れていたからである。

## 7. カロリング帝国崩壊後の社会と政治：地域主権の始まり（八五〇年頃―一三五〇年）

### 領邦国家の発展

今日のオランダの各州をなす地域は紀元一〇〇〇年頃に実際の起源がある。フリース人の領地、サクソン人の領地および八五五年にロレーヌの北フランク人の領地、また九二五年にドイツ帝国内の北フランク人の領地を合わせた後、徐々に多くの広い領邦が出現した。これは主として小さな伯領を征服することにより、または主要な家族間の婚姻を通じてこれを併合することにより形成された。これら領邦国家の大部分は世襲の伯または侯によって統治された。彼らはカロリング時代には中央の王権と協力した地方の有力者とおおきく変わるところがないか、高位の官僚としての地位をまさに利用することによって権力基盤を作り上げた者であったが、いずれも徐々に行政面の権力と広大な土地を手に入れていた。かくして、彼らは一〇世紀、一一世紀までにはほぼ独立しており、ドイツ皇帝に従うのは名目に過ぎなかった。

### ホラント伯

ホラント伯領が最初に発展した。この地域の中心は八六二年にヴァイキングのロリクに封土として与えられたケネマラまたはケネマーラントであった。八八五年にケネマーラント伯であったもう一人のヴァイキングのゲルルフが、ホラント伯の長い家系の開祖となった。一世紀の後、子孫の一人のディルク二世はオットー二世をローマ人の王へ、すなわちドイツ皇帝へ選出することを支持したことを認められ、マース川とフリー水道の間で彼の治める地域全体を与えられた。

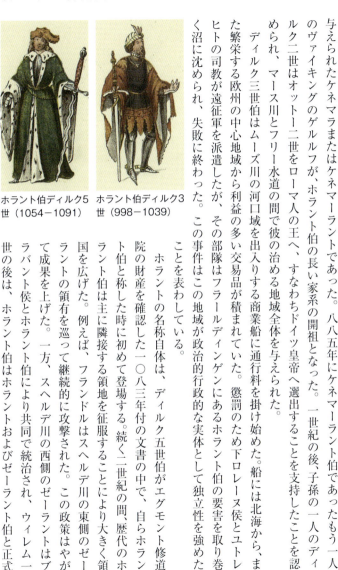

ディルク三世伯はムーズ川の河口域を出入りする商業船に通行料を掛け始めた。船には北海から、また繁栄する欧州の中心地域から利益の多い交易品が積まれていた。懲罰のため下ロレーヌ侯とユトレヒトの司教が遠征軍を派遣したが、その部隊はフラールディンゲンにあるホラント伯の要害を取り巻く沼に沈められ、失敗に終わった。この事件はこの地域が政治的行政的な実体として独立性を強めたことを表わしている。

ホラント伯ディルク3世（998－1039）

ホラント伯ディルク5世（1054－1091）

ホラントの名称自体は、ディルク五世伯がエグモント修道院の財産を確認した一〇八三年付の文書の中で、自らホラント伯と称した時に初めて登場する。続く二世紀の間、歴代のホラント伯は主に隣接する領地を征服することにより大きく領国を広げた。例えば、フランドルはスヘルデ川の東側のゼーラントの領有を巡って継続的に攻撃された。この政策はやがて成果を上げた。一方、スヘルデ川の西側のゼーラントはブラバント侯とホラント伯により共同で統治され、ウィレム一世の後は、ホラント伯はホラントおよびゼーラント伯と正式に呼ばれるようになった。

ホラントは西フリースラントの領有を巡ってフリース人とも戦った。一一、一二世紀に気候が温暖化し、海面が上昇したことにより、アルメーレ湖と北海を結ぶ海峡が着実に広がったことから、今度は西フリース人がホラントを定期的に襲い、略奪した。フリースラント本土からますます離れながら、彼らは独立の維持を依然として追求した。事実、西フリースラントはフロリス五世が最終的に地域全体を屈服させた一二八九年までホラントに服従しなかった。

## フロリス五世

一二五六年に父のウィレム二世が亡くなった時、フロリスは二歳に過ぎなかったので摂政職を巡って長い争いが続き、伯の権威を弱めた。しかし、フロリスは成人し、自らが相続したものの潜在的な可能性を理解し、ほどなく権力の拡張を切望しているとみられるようになった。一二七四年ケネマーラントの農民は、フロリスの権力の増大に苛立っていたユトレヒト司教領の貴族、ハイスブレヒト・ファン・アムステルの支援の下、反乱を起こした。この紛争は彼らの有利に決着し、フロリスは農民に多くの特権を与えることを余儀なくされた。この後、彼らはフロリスを大恩人とみなすようになり、その結果、彼は「百姓の神」

有名なホラント伯フロリス5世
(1254−1296)

として知られるようになった。しかし、ファン・アムステルのような貴族との関係は改善しなかった。フロリスはしばしば懲罰のため彼らの所領を没収し、忠誠の宣誓と引き換えにのみ封土としてこれを返還した。ファン・アムステルやウェルデンの領主はこのように扱われた。ついに一二九六年に貴族の何人かがこれに復讐し、マウデン城でフロリスを捉えて投獄した。農民のグループが彼を解放しようとした時、貴族達は彼を殺害した。

フロリス五世と地方の有力者の争いは世相の反映であった。オランダの他の領邦においても在所の貴族は強力になりすぎ、旧支配者の権威に逆らった。その結果、君主たちは経済的に、そして結果的に政治的な重要性を強めてきた都市の代表者とますます力を合わせるようになった。貴族の間でも争いがあったので、都市の当局は彼らからもしばしば助力の要請を受けた。漁夫の利を得る好機を求めて、都市の有力者もその力を伸ばした。

ホラント伯ウィレム4世（1337－1345）と彼の妹であるマルハレータ皇后（1345－1349）の想像画

いわゆる「釣り針派」と「鱈派」と呼ばれるホラント伯領の二つの貴族の派閥間の争いは悪名が高かった。争いはフロリス五世の治世以降に同君連合となっていたホラント、ゼーラント、エノーの伯領の継承を巡って起きた。一三四五年に伯領を統治していたウィレム四世がフリースラント征服戦の間に亡くなった。ウィレムに男子の後継者が無かったため、神聖ローマ皇帝はウィレムの妹で自分の妻であるマルハレータにこの三つの伯領を与えた。彼女の息子のウィレムはまだ成年ではなかったが、いずれ彼女の後を継ぐ者として指名された。

しかし、続く数年間、母と息子は互いの権利を巡って争った。ウィレムは貴族の一部と多くの町を説いて鱈「派」として彼の味方につけ、マルハレータ皇后は他の貴族の支持を得て、釣り針「派」を結成した。

ウィレムは一三五四年についにホラントとゼーラントの所領を得、マルハレータはエノーを確保した。しかし、党派間の争いは盛んなままであった。数十年後に「釣り針派」と「鱈派」の確執が再び燃え上がったが、またも継承問題を巡るものであった。しかし、その頃までにはホラントとゼーラントの伯領が享受していた独立は終わりつつあった。ブルゴーニュ侯領はもとフランスの所領であったが、独立し、また、その支配者が婚姻、相続、征服によりエノー伯領のみならず北方の他の国々も獲得したため、新たにより大きな国が北西ヨーロッパに形成され始めていた。

## ユトレヒト司教領

ホラントが世俗の領邦である一方、いわゆるユトレヒトの「司教領」というのは、宗教指導者である司教の治める司教管区であったが、司教は世俗的な権力をも行使した。一〇〇〇年になるはるか前から、フランク王国の北方の境界の防衛を助け、また、キリスト教の布教を通じて王国の影響力を広げる一助として、司教はカロリング朝の王から所領と未利用地を与えられていた。一〇世紀の後半以降、神聖ローマ帝国の皇帝は同司教に世俗的事項の裁判権を含めて、伯としての権力を与えた。これは、そのころまでに広大となりすぎ、一体性を保つのが難しくなった帝国を統治する唯一の方法と思われたためである。

このように、欧州の他の地域と同様にユトレヒトでは、司教職は、宗教上の役職であるものの、第一級の世俗的権力を持つ地位にまで進み、いまや王家の親族や貴族の成員が渇望するところとなった。例えば、九九五年から一〇一〇年までユトレヒトの司教であったアンスフリートは同司教領に任じられるまで、頻繁に王に助力して戦っていた。司教が真に宗教上の勤めを行う聖職者であることはごく稀であった。

ホラント伯のように有力となりつつある従臣に対する継続的争いの中で、皇帝は自ら任命する司教に、これまで以上に土地資産を与えることにより、その忠誠を確保し、支援を得ることを欲した。司教領の承継は絶対に世襲ではありえなかったので、皇帝はローマに対して自分の気に入った者を新しい司教として提案し、これによって司教を誠実な同盟者としようとしたのである。このようにして、一〇二四年アダボルト司教は皇帝によりドレンテ伯領全体を贈られた。その後の何年かの間に、ユトレヒトの領地はさらに拡張された。今や、司教が世俗的権力を振るう地域は、下司教領（ほぼ今日のユトレヒト州に当たる）と上司教領（オーファーアイセル州とドレンテ州に当た

アンスフリート司教によりユトレヒトの大聖堂に寄付された福音書（1005年頃）

る）として知られるようになった。

一一世紀には、司教の任命権を巡って法王と皇帝の間にいわゆる叙任権闘争が勃発した。司教職は選挙されるものであり、多くの候補者の中から司教を任命する権利は少なくとも名目的には法王の専権であるとして、ローマはこれを保持すべく、今後ドイツ皇帝が司教を含む高位の聖職者を事実上任命することは許さない旨を宣言した。一一二二年ウォルムスの協約により、以後司教は司教区の大聖堂に勤める聖職者たる聖堂参事会員により選挙されるべきこととなった。ユトレヒトでは聖堂参事会員は五つの聖堂参事会に組織され、聖堂参事会長に率いられた。

皇帝がユトレヒトへの支配力を失くしたため、ホラント伯領やブラバント伯領（後の侯領）のような近隣の小国の支配者はいまやユトレヒト司教領の世俗的統治への影響力を得ようとした。彼らは、司教座が空位になるたびに、自己の親族を候補に立てた。その結果、別の候補者を支援する党派間の戦争のような争いが頻繁に司教領を分裂させることとなった。一一九六年には司教職に二人の候補者が現れた。一人は現職のホラント伯の叔父であり、もう一人はヘルダーラント伯が推す者であった。司教座を自らの候補に確保しようと渇望する熱気のなかで、両者は司教区の一部を占領した。平和は二人の候補者が亡くなった後に中立の人物が任命されるまで戻ることはなかった。

ユトレヒトとユトレヒト司教領全体の住民がこの軍事的な紛争によって厳しい苦難に遭い、領土が荒廃するのは避けられなかった。さらに、司教座を求める候補者は聖堂参事会員を買収し、またその後、概して危ういものであった自らの地位を守るために多額の資金を必要としたので、しばしばその（将来の）財産を質入れすることまでした。一三三一年にヤン・ファン・ディースト司教は、自分の選出の担保として自らの資産のほとんどを差し出していたので、ホラントとヘルダーラントが両者の間で自分の領国を分割した時、介入する力を失っていた。

時には、司教が強力な人物で、ヤン・ファン・アルケルのように地域の有力な家系出身であったために、司教領を司教の支配のもとに統合することに成功したことがあった。しかし、そのような例外的な人物でも、力を増しつつあった南の隣人の影響下にその領邦が引き込まれていくことを防ぐことはできなかった。やがて、ユトレヒトはホラントのように、ブルゴーニュ侯領の一部となった。

## ヘルレまたはヘルダーラント伯領、後の侯領

ヘルダーラント伯領は一三三九年に侯領に地位を引き上げられたが、発展は遅かった。一二世紀の末までは、今日のヘルダーラント州に似るところはなかった。決まった首都さえなかった。ヘルレ侯はアルンヘム、ナイメーヘン、ズトフェンに交互に住み、旅して回った。

ホラントおよびユトレヒト司教領と同じくヘルダーラントも貴族間の確執を免れなかった。そこでも貴族と都市が影響力の拡大と独立を求めて争った。そこでも確執は承継にかかわる紛争を通じて噴き上げた。一三四三年へーケレン卿とブロンクホルスト卿の家門が初代ヘルダーラント侯レイナウト二世の継承者（未成年）の摂政職を巡って介入した。一三五〇年以降、両家はレイナウト三世とその弟のエドゥアルトの二人が一三七一年に亡くなるまで両者の確執にも加わった。ホラントで釣り針派と鱈派が争ったように、へーケレンとブロンクホルストの両「党派」は長年にわたり権力争いを続けた。

他の小国同様、ヘルダーラントはしばしば隣邦と戦争した。この中で最も強力なのはブラバント侯

領であった。

## ブラバント侯領

ブラバントは肥沃な土地とムーズ川、スヘルデ川沿いの都市の交易がもたらす富によって大国に発展し、北西ヨーロッパ全体の政治に影響力があった。それゆえ、ブラバント侯はドイツ帝国の重要人物であって、例えば、帝位を互いに争った二つの家門の党派であるシュタウフェン家とヴェルフェン家の間の争い（一一九八―一二一四年）にも介入し、賢明にも、両者を巧みに操縦して自己の権力を拡大することに成功した。しかし、同侯はこの政策によって、同じくシュタウフェン家かヴェルフェン家かいずれかの帝位候補者を支持した英国とフランスとの間で紛争に巻き込まれることとなった。

一三世紀の中ごろ、ブラバント侯はホラント伯領の問題に巻き込まれた。一二四八年ブラバント侯ヘンドリック二世は、ホラント伯ウィレム二世を将来の帝位を意味するローマ人の王へ選出することを支持した。しかし、ウィレムは野心的で、新たな地位を使って繁栄するフランドルの所領を得ようとし、その結果ブラバントと戦うこととなった。彼は一二五六年に西フリース人との戦役

ルールモントの教会堂にあるヘルレ伯ヘラルト4世とその妻ブラバントのマルハレータの墓碑、1230年頃。これはオランダ最古の墓碑であり、また、夫婦のものであることを示すものとしては中世ヨーロッパで最古の墓碑である

で殺され、計画の達成も帝位を得ることも阻まれた。

ブラバントは一二六七年から一三五五年の間に黄金時代を迎えた。一二六一年にヘンドリック三世が亡くなった時には将来の見通しは明るいものではなかった。他の領邦のように承継を巡って破滅的な闘争が起きるのは避けがたく思われた。ヘンドリックの長男で跡継ぎである、もう一人のヘンドリックは精神的、肉体的に障害があった。ヘンドリックの寡婦は息子の摂政となることに成功したが、ヘルダーラント伯のオットー二世とリエージュの公司教という、有力な隣人が共同後見人となることを認めざるを得なかった。この措置は、いわゆるブラバントの「身分制会議」に集まった、聖職者、貴族、都市の支持を得てなされたもので、侯家の危機を回避して、平和を確保した。

ヘンドリック四世が成人した時、彼は身分制会議の集会で権利を放棄し、その後修道院に入った。その弟のヤンが後を継ぎ、侯領の歴史において最も華やかなブラバント侯の一人となった。

リンブルフ侯領の領有を求めてウーリンゲンで戦う(1288年)ブラバント公ヤン1世

## 「悦ばしき入城式」

一三五五年ヤン三世侯が男子無くして亡くなった時には、娘のヨハンナが後を継いだ。この機会に侯の統治権に対する都市の権利を確定すべく憲章が作成された。明らかに、この憲章は都市部に集中する交易と工業の利益に有利なものであり、税収が都市の富への依存を高めてきたことから、領邦政府にとって都市の経済力が重要性を増していることを示す機会となった。貴族の保有する広大な所領が唯一の富の源泉であった時代は去った。また、貴族が領邦において、主たる、また往々にして唯一の力である時代も去った。

一三五五年の憲章は、新たに忠誠を示したブラバントの諸都市に新しい女侯が厳かに入城することにより確認されたので、「悦ばしき入城式」と呼ばれた。これは、ブラバントが実際他の地域に先んじる政治的発展を文字通り印したものであり、君主と臣下の権利と義務を記した文書を蠟で封印し、両者の関係を規定したものであった。これは君主と民衆の間の契約であり、一四世紀のブラバントにとり偉大な瞬間を示す機会であった。特に、「悦ばしき入城式」はブラバント侯が都市の許可なしに費用のかかる戦争を始めることはないことを保証するものであった。また、これは、主として都市からもたらされている税収が賢明に使われることを都市が確認することを可能にした。

## フリースラント

上述の諸邦と異なり、フリースラントは在所の支配的家門を持たなかった。そこでは、一一世紀の間、ブラウンシュヴァイク出身のブルーノ家の歴代の領主が力を持っていた。彼らについてはあまり知られていないが、さまざまなフリースラントの町で鋳造された硬貨は遠くロシアでも発見されており、フリースラントの交易の重要性が継続していたことを示している。

実際に、フリースラントは一〇七七年にユトレヒトの司教に与えられていたスターフェレンや、オーステルゴやウェステルゴ（それぞれほぼ今日の東西フリースラントに当たる）のような数個の小さな伯領から成っていた。ブルーノ家の最後の領主であるエグベルト二世が主君であるドイツ皇帝のハインリッヒ四世に反逆した時、一〇八九年にオーステルゴとウェステルゴは召し上げられ、ユトレヒトの司教に封土として与えられた。ちなみに、ホラントはこれらの領地を自分のものにしたいと強く望んでおり、また主要な隣人の力がこのように拡大することは望んでいなかったので、これを大いに遺憾とした。

結果として、一二世紀にユトレヒトの司教とホラント伯はフリースラントの諸伯領の領有を互いに争い始めた。しかし、これら諸伯領はどちらの支配者にも従う気配がなかった。皇帝フリードリッヒ・バルバロッサ（赤髭侯）は結局ユトレヒトとホラントにフリースラントの共同統治を許すことを決定した。

一一九七年にホラント伯の弟のウィレムがフリースラント伯に任じられたが、権威を確立する時間が十分にならなかった。一二〇三年ホラント伯の死により、彼はホラント伯を兼ねた。領主が不在のため、フリース人はもはやウィレムに義務を負っているとは感じなくなった。フリース人はふたたび自由になった。そこでいくつかの大土地所有者の間で争いが勃発し、互いに自分の根拠地から小さな軍隊で攻撃しあった。この紛争は、やはり他の

1418年のブラバント公ヤン4世とホラント、ゼーラント、エノーを治める伯であるバイエルンのヤコバの結婚

モントフォールト子爵の記念牌、1380年頃。オランダ最古の肖像画と言われる

オランダの領邦における紛争と似たものであったが、シトー修道会とプレモントレ修道会に属する強力な修道院の影響によって悪化した。一三世紀の間、フリースラントの修道院の修道士の過半は修道誓願を行っていない俗人の男子であった。彼らの間では、修道院の規律は緩められているか、もしくは完全に消え失せていた。一三四〇年頃、ブルムカンプとリドルムの大修道院の間で争いが勃発した。ブルムカンプはシトー派が創立したものであった。この修道会に属する修道士は灰色の修道服を着用していたので灰色修道士（「スヒーリンゲル」）と呼ばれた。これは、当時この修道院に属していたスヒールモニコーフ島の名前の由来にもなっている。リドルムの修道士はプレモントレ派に属していた。彼らの富は主として家畜に基づいていたので、「フェトコーペル」（バター商）として知られた。このため、フリースラントの党派的争いは「灰色修道士」と「バター商」の闘争と評された。

この闘争は、一四世紀の後半と一五世紀全体を通じて継続的に燃え上がり、農民と都市民が、僧職者と俗人が、また、さまざまな貴族が、すべて、その間でまた互いに相戦った。「灰色修道士」はオーステルゴで優勢であり、通常フリースラントの独立に好意的であったのに対し、「バター商」は現在のフリースラント州に主として居住し、ホラントと力を合わせる傾向があった。この争いは略奪、襲撃、放火をもたらし、より上級の当局者によって保護されるべくもないフリースラントの人々に大いに害をなした。

ホラント伯のひとりが、公式には依然として有効であるとして、ホラントのフリースラントに対する権利を唱えたことがあった。一三四五年、ウィレム四世はフリース人を従えるため大軍を動員した。しかし、彼はフリースラントの南西の村のヴァルンスでの戦いで殺され、その軍隊は徹底的な敗北を被った。

一四世紀の末に、フリースラントにホラント伯の権威を打ち立てようとした新たな企ても失敗に終わった。しかし、フリース人は一五世紀の末に結局自由を失うことになった。ただし、彼らがこれを失ったのは、ホラント伯に対してではなく、今や神聖ローマ皇帝となっていたブルゴーニュ侯の子孫に対してであった。カール五世は反抗的なフリースラントを従え、この御しがたい人々を自らの名で統治するため「総督」すなわち代理人を任命した。

## 8. 一〇〇〇年頃以降の経済と政治：都市経済の始まり

### 堤防の建設と土地の干拓

新しい一〇〇〇年紀に入った後、ヴァイキングの襲来が終息し、気候が温暖化して、その結果通常の農業生産が改善し、人口が増加し始めた。また、政治状況が安定し、平和と秩序がもたらされた。依然として農業と牧畜を主たる生業とする人々がより多くの土地を必要としたことに応えるため、いまや荒地がますます開墾されるようになった。また、低地が排水され、堤防によって守られ、さらに沼沢地が干拓された。ホラントとフリースラントの農民はこの作業に大いに熟練したので、一一一三年にハンブルグの大司教はザクセンの土地を干拓のため提供した。こうして、彼らは東部ドイツの入植と植民を手助けした。

より多くの土地の必要に加えて、北極の氷が緩やかに融け海面が上昇したことによって、堤防の建設が必要とされた。一三世紀に入ってかなり経ったころ、アルメール海を通じて海水がオランダに流れ込んできた。フリースラントのハーリンゲンとスターフォーレンの間の堤防のように、海に堤防を建設することが国を定期的な冠水と堆泥から守るため喫緊に必要とされた。

そのころ「治水団」と呼ばれる組織が低地地域で堤防を維持管理し、水位を調整するために結成された。これは日常生活を秩序づけ、規律しようとする全般的な傾向の一つの例であった。

同様の傾向は教会にも見られ、助祭長と属司教の任命を含む司教区の再編が進められた。下部では、大きな教区がほぼ村の境界に対応した形で多くの小さな教区に分割された。これはすべて当局が宗教生活と共同体への支配力を強めることを助けた。

しかし、人口の増加とともに、燃料の需要が増加し、その結果、大規模な泥炭の採掘が行われた。これによってしばしば大きな湖ができ、それ自体人々の安全を脅かした。ほどなく当局はこの問題を改善するため、農地や道路沿いの植樹を命じねばならなくなった。

## 経済と修道院

オランダの初期の修道院は裕福で権力を有する者、すなわち地方の諸侯と貴族によって設立されることがしばしばであった。例えば、ラインスブルク大修道院は一一三三年にホラント女伯のペトロネラにより設立された。

多くの修道院は、時には千人もの入居者の共同体を収容する巨大な施設となった。大半の修道院は農村にあったが、これは当時大きな都会がほとんど無かったからだけではなく、修道院の主たる活動が、宗教生活の他に、その多くは広大なものであった所領を自活のため管理することにあったからである。時を経るに従い、修道士は自然や文化を形作るうえで重要な力となったが、これは彼らが堤防の建設の主力となり、土地の干拓、荒地の開墾を率先し、こうして農業生産に改良を加え、繁栄を増大し、広く社会全体の福祉に貢献したためである。

一四世紀にはより小規模な修道院が設立された。これは通常瞑想により重きが置かれ、農村地域にで

かつては有名であったラインスブルク僧院のロマネスク様式建造物の廃墟、アルベルト・カイプによって1640年から1642年の間に描かれたものと思われる

はなく、これ以前の数世紀の間に建設された都市に所在していた。その頃には、増加しつつある都市の人々は、精神面の必要性のみならず、教養のある修道士や修道女だけが提供できるような種類の教育の必要性をすでに感じていたのである。

## 都市の重要性の増大

ローマ時代からの古い都市が再興されたことに加えて、九世紀と一〇世紀の危機の時代の後、一一世紀、一二世紀の間に新しい都市が興隆したことは、ある程度人口の増加に基づくものであった。しかし、これはゆっくりとではあるが着実に交易と工業が拡大した影響によるものでもあった。収穫率の向上を通じて生産が増大したこと、また穀物その他の食糧の輸送方法が改善したことに伴い、食糧事情が改善した。都市は主に交易と手工業により栄え、週市や年市に周囲の農村地域から生産物を集めた。木材や基本的食糧は、都市民が自ら生産することはますます無くなり、かれらの日常の必要のため搬入されねばならなかった。今や人々は地域を超える市場向けに生産することにより、農業においても工業においても専業化することができ、利益を向上させることができるようになったのである。交易の増大は商業の繁栄を生み、これは転じて芸術への投資を促した。

一一世紀と一二世紀において、ヨーロッパは重要な海外の地域と商業的な接触を再開し、加速した。近東には更に遠いアジア全域からきた贅沢品が豊富にあったが、一〇九六年の第一回十字軍の後、近東との交易が復活した。一〇六六年ノルマンディー侯ウィリアムによって征服されたイングランドは、織物工業向けに大量の羊毛を生産することができ、大陸の交易網に組み入れられた。ほどなく、オランダの諸都市は自らが大陸の交易ルートの交差点上にあることを見出したが、これは大いに有利な位置であることが証明されることになった。

## 新たな交易ルート

交易が拡大し取引される生産物の数も量も増大するに伴い、大型の船が必要とされるようになったが、これは古い内陸の水路を航行することができなかった。北海からズント海峡を通ってバルト海に入るルートを含めて、他のルートが使われ始めた。これは穀物や木材が豊富に供給され、オランダ向けに船積みされる、豊かなバルト海沿いの諸港のような新たな市場が手近になったことを意味した。またそこに、商人たちはこれら商品を南の市場に輸出し、北で売って儲けられそうな産物を積んで帰る可能性を見出した。

ブラバント公ヤン2世（1275−1312）の印璽〈デンボス市立公文書館〉

ほどなくティールやユトレヒトのように商品の輸送を大河に依存する古い貿易センターは、スターフォーレン、レーワルデン、フローニンゲン、ドックム、ボルスヴァルトのような北方の海港と競争していくことができなくなった。これらの港から商船はドイツの諸国、イングランド、スコットランド王国に向けて出航した。

## ハンザ都市

ハルダーワイク、エルブルク、デーフェンター、カンペンのようなザイデル海やアイセル川上の都市の商人もデンマークのズント海峡を航行した。これは「迂回航行」(オメラントファールト)と呼ばれた。これらの都市の多くは、おそらく真の国際貿易組織として最初のものと思われるハンザ同盟に参加した。これは多くのドイツとオランダの交易都市をその共通利益を守るために結びつけた商業的ギルドである。

これらの都市は経済問題については独立した立場をとった。これは都市参事会が自由度を増し、君主の命令に従わされるのではなく、自己の命運を自ら決することができるようになったことにも基づくものであった。この自由は都市の憲章に盛り込まれ、都市の属する地域の支配者によって確認されることが増えた。都市にこのような特権を与える見返りに、君主はますます豊かで強力になりつつある商人から戦時の財政的支援を得ることを望んだ。この種の憲章の最初の例の一つは一一八五年に遡り、ブラバント侯ヘンドリック一世がデン・ボスの特権を確認したものである。後にオランダの諸地域で結ばれる憲章はしばしばこの文書に定められた形式に従った。上述の通り、一二四五年にホラント伯

デーフェンターの計量所を描いた17世紀の絵　写真：ビンネンダイク・デーフェンター

ウィレム二世によってハールレムとスグラーフェンザンデに与えられた特権はデン・ボスのものに基づいていた。

## 増大する都市の政治力

都市は、その富と、特権により担保された政治的、組織的な相対的独立性とにより、君主と官僚機構、貴族、教会といった他の権力集団と並ぶ政治的役割を果たすことができるようになった。一五世紀までには多くの都市はほぼ独立して運営されるようになった。さまざまな国々を分裂させた多くの党派的な争いの中で、都市が強力な、また時には決定的な政治力となるのも避けがたかった。また、結果として戦争になればどれだけ被害がもたらされるか経験上知っていたので、都市は君主の承継問題に介入した。戦争は金がかかり交易を阻んだのである。

もはや都市参事会が唯々諾々と課税されたり、戦争に参加する義務に服したりするようなことはなくなった。貴族とおなじく、彼らは中央政府から協議されることをまず欲した。ほとんどの領邦におい

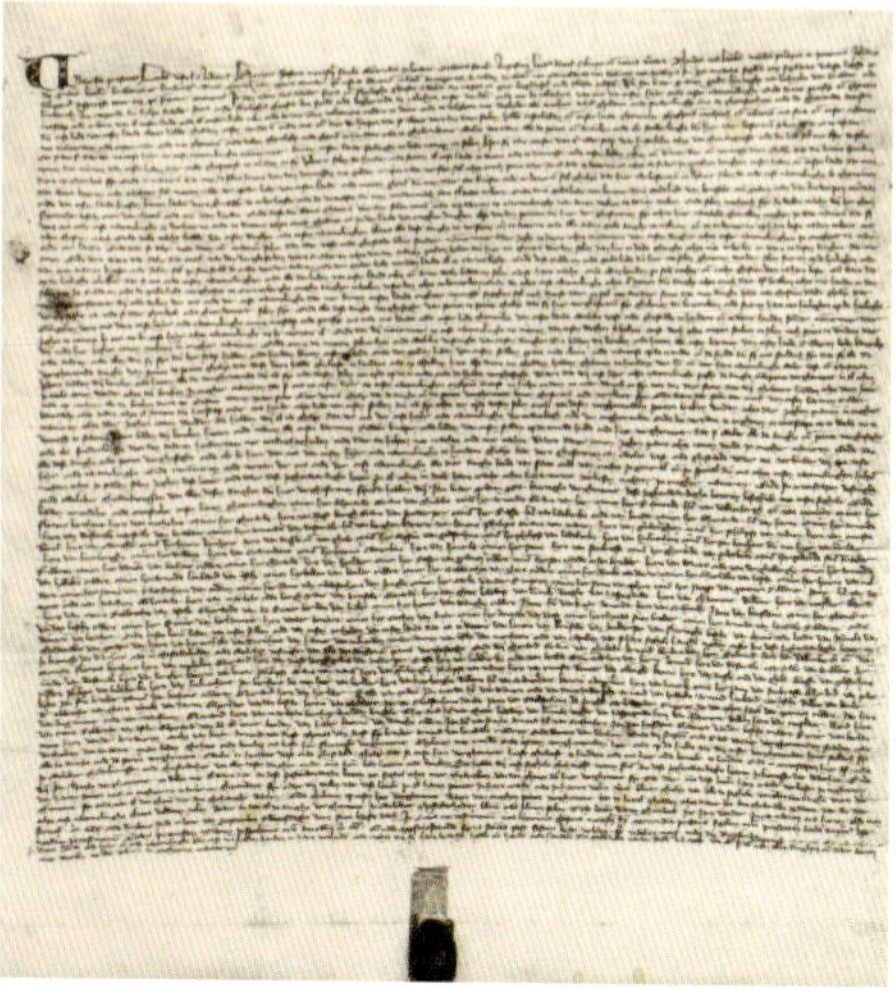

いわゆる「コルテンベルクの憲章」(1312年) の原書。ブラバントの貴族および都市の代表へのブラバント侯の政策に影響を与えた　〈市立公文書館　デンボス〉

ホラント伯ウィレム5世(1349−1358) の想像画

て、これは聖職者、貴族、都市の三つの「身分」の代表の間で協議会をますます定期的に開催することにつながった。

　このようなある程度定期的な集会は最初に一三一二年にブラバントで開かれた。この時ヤン二世公は有力な臣下の協力を得ることを余儀なくされ、いわゆるコルテンベルクの憲章を交付して、貴族階級から四人、都市から一〇人の代表からなる一四人の協議会の結成を求めた。既述の通り、ある種の国務について都市参事会が諮問を受ける権利は「悦ばしき入城式」によって後に確認された。

　一三六二年ウィレム五世伯の統治のとき、ホラント、ゼーラント、エノーの伯領の合同の身分制会議は、同様の政治的な影響力を自ら行使できる新たな規則を制定した。司教領において、ユトレヒト市の市民は既に一二世紀に新たな司教の選出について発言権を得ていた。ユトレヒトの身分制会議が集会をする権利は、ホラントとヘルダーラントに対する戦争が不本意に終わった後、譲歩を余儀なくされたホールネ伯家のアーノルド司教により一三七五年に発出された「領邦の憲章」において最終的に確認された。

ヘルレにおいても、紛糾し困難な承継問題への恐れにより、貴族階級と都市は力を合わせ、ヘルレ侯が重要な決定をする前には侯領の政治的経済的エリートの協力を求めたほうが良いことを侯に確信させた。レイノルト四世侯は一四一九年にヘルダーラントの身分制会議の権利を承認した。このように、一四世紀までには、古くからあるオランダの領邦のほとんどにおいて、如何に寡頭的なものであっても、ある種の合意による政治が育ちつつあった。

## 9. 文化：都市のブルジョワジーの役割

都市の興隆は経済や政治以外の面にも影響を与えた。一一世紀までは、芸術と科学分野における文化的活動は貴族階級と聖職者に限られていた。特に修道院においては、ギリシア語とラテン語の書物が保存され写本が作られた。さらに、一三世紀までには、エモやメンコのような修道士により当時の生活を記録する最初の年代記が書かれた。ちなみにこの二人は後日いずれもフローニンゲンのブルムカンプ修道院の院長となった。

1270年に著されたヤコプ・ファン・マールラントの有名な自然に関する「百科事典」の挿絵の頁

　修道院の文化では、ラテン語が書き言葉に使われた。しかし、君主の宮廷において、また、都市の重要性が増した結果、都市生活の経験を記録するためエリート市民の間でも、一種の世俗オランダ語がますます使われるようになった。一三〇〇年になってすぐの時期に成立したメーリス・ストーケの「韻文年代記」とヤコプ・ファン・マールラントの著作は新たな都市文化の良い例である。宗教は依然として生活のあらゆる面に浸透していたが、このように教会が明確に支配していないところでは、より世俗的な人間観と世界観も発展した。

この時代の建築でなにか残っているものがあるとすれば、教会建築の例であることが多い。ロマネスク様式は、特に北方のものは、主として農村地域の芸術であり、建物は典型的には壁が厚く、窓が小さく、扉には丸いアーチが懸けられ、塔は単純な切妻構造であった。この頑丈でしかも優美な建築様式の良い例は、北方のフローニンゲン州とフリースラント州の村に多数残されている。

ルールモントの大聖堂。オランダの後期ロマネスク様式の教会で最も大規模なもののひとつ。13世紀初期に建設が開始された

マーストリヒトの美しい聖セルヴァティウス教会と聖母教会に代表されるオランダ南部のロマネスク様式の建築は、より堂々としたマースラント様式として知られる別の形式を表している。錬鉄細工でも有名なこの様式は一一世紀と一二世紀に頂点に達した。これは見事な聖骨箱を産んだが、このうち最も素晴らしいものは、聖セルヴァティウスに捧げられた教会にいまでも置かれている、(論争はあるものの) 彼の聖骨箱である。

もちろん、北部にも鉄、銀、金の細工をする職人もいたが、彼らは南部の高い水準には達していなかった。

彼らの作品で残されているものは、主として硬貨やエグモント大修道院を含む修道院の印璽からなっている。北部で現存する最古の聖骨箱は一三六二年にユトレヒトで作られた。

一四、一五世紀の間は、後にゴシックと呼ばれるより軽やかで優美な建築が都市で発展した。これはかつてなく複雑な教会建築を創り上げ、壁はステンドグラスが穿たれたうえで破風や小塔に溶け込み、建物全体に巨大な尖塔が冠された。

オランダの一四世紀の最も有名なゴシック様式の建築はユトレヒトとデン・ボスに見られる。ユトレヒトのドム教会の塔の建設は、傲慢で無駄であると非難する人々の批判に抗しながら一三二一年に始まった。これはこの時代の大半の建築家と異なり、ヘネゴウウェンのヤンとその名が知られている建築家によって設計された。ヘネゴウウェンすなわちエノーというのは一番南の伯領のことであり、そこには北フランスから新しい芸術様式が入ってきていた。これは一三八二年に完成した。この教会の聖歌隊席はやはり一四世紀のものである。中央の身廊が破壊されたので、今ではこのかつての大聖堂のうち残るのは、これと一一〇メートルほどの高さの塔だけになっている。デン・ボスの聖ヤン大聖堂は、恐らく更に見事なものと言えようが、同じ時期に造られたものである。

ゴシック様式の世俗的な建築で最も有名な例は、ハーグの「リッダーザール」、騎士の間であるが、これは一三世紀の末にホラント伯のフロリス五世のために建設された。この建物は一九世紀になってから、中世の建築についての当時の想定に沿って復元されたものであるが、オランダ国王による毎年の議会開会式の会場となっている。

## 美術

一四世紀になるまでオランダでは大型の絵画は十分に開花しなかったように思われる。他方、通常修道院で書かれた写本を飾るために、さまざまな芸術家が細密画の技法を発達させた。明らかにこの芸術形式は目覚めつつあった都市の文化活動によってほとんど影響を受けなかった。数少ない現存の細密画は、特にユトレヒトとヘルダーラントの、貴族と高位の聖職者のためのミサ典書の例にみられる。

一三五〇年以前には大きな絵画は少なかったが、続く数十年の間に、現存のものは少ないものの、教会は精巧な壁画で飾られるようになった。事実、これらのフレスコ画は極めて多数に上った可能性があるが、おそらくは一六世紀後半の宗教改革の聖画像破壊の狂躁のなかでほとんどが破壊されたものと思われる。また、一四世紀後半に遡ると思われる壁板の絵画が少し残されているが、これらの大部分はヘルダーラントかユトレヒトで製作されたものである。そのほか、教会内にある高位の人々の墓のそばに据えられた記念の肖像画があった。

聖セルヴァティウスの聖骨箱。12世紀の「マースラント・ロマネスク」様式の銀細工師の最も優れた作品のひとつ

この時代の彫刻も稀である。現存する数少ない作品は、ホリンヒェム（ホルクム）の大教会内にあるヤン・ファン・アルケルの墓のように、主として貴族や高位の聖職者の記念碑である。

一五世紀には、農業において、また、交易や工業において得た利潤を通じて、ホラント、ゼーラント、ユトレヒトで富が増大するに伴って、富裕な市民は物質的な、また政治的な力を見せることに、また、自分の家庭や町を飾ることに関心を持ち始めた。都市貴族の家系の継続性を証明し、訪問者に印象的な公式の「顔」を見せるうえで、肖像画がいまや広く製作されるようになり、また、風景画もますます人気が出てきた。一方、小型の信仰画は宗教が引き続き重要であることを示していた。

## 都市の宗教

概して、この時期の文化はすべて日常生活に宗教が枢要な役割を果たしていたことを静かに反映し、また想起させるものである。一四世紀までは貴族と聖職者は依然として芸術の主たる後援者であった。しかし、いまや、都市で発展した富裕な市民階級が徐々に重要性を増してきた。意義深いことに、宗教においてもこの新たな階級は新たな傾向に敏感に反応した。

農村では大修道院が引き続き隆盛であったが、この他に都市では小さな修道院が設立されたことは既に触れた。この新たな施設の多くは、一三八四年頃にデーフェンターのヘールト・フローテが一三八四年頃に始めた「新しい信心」運動に根付いたものである。その目的はできる限り幅広く一般の人々に、キリスト教の基本的価値に基づくより簡素な生活に戻るよう促すことにあった。驚くべきことであろうが、このような考えは、主として教育を受けた富裕な市民に対して訴えるものだった。彼

人文主義者ヘールト・フローテ（1340－1384）のものと言われる時祷書

らは修道誓願を行わないままであったが、今や宗教的兄弟団や会衆組織を形成し、またこれに参加した。やがて彼らは、既存の修道会と連携するようになり、通例は清貧と敬虔で有名であったフランチェスコ会と連携した。

一方、教育は「新しい信心」の主たる手段であった。効果を上げるために、この運動はエリート層の子供だけでなく、それ以外にも手を広げる必要があり、事実そのように努力した。この結果、都市では学校の数が増え、また大半が道徳的な性質のものであったが宗教的な冊子の製作が増え、また恐らくは識字率を向上させることにもなった。

## 10. ブルゴーニュ・ハプスブルク帝国の社会と政治：権力と機構の集中（一三五〇―一五五〇年）

一〇世紀から一四世紀までの期間に、現在低地諸国と呼ばれる地域に多くの領邦国家が形成されていた。ずっと後の段階、すなわち一九世紀の初めには、これらは現在のオランダ王国とベルギー王国内の州に変わった。

地理的、経済的、また、政治的、文化的な側面で、オランダの特質の重要な部分がこの時期に形成されたことはほぼ間違いない。特に、この時期の終わりにかけて、国王、貴族、聖職者という伝統的支配者の他に、都市が政治分野に加わり始めた。同時にオランダの社会はより都市的になり、豊かな市民の文化が基調をなすようになった。

### 一三五〇年頃より後の状況

一三五〇年頃には、オランダの将来の各州の大半はそれぞれ領邦として確立しており、名目的にのみ神聖ローマ帝国皇帝の宗主権を認めていた。しかし、その頃までに、さまざまな地域の君主の権威は、内紛や都市のエリート市民の力が大きくなったことにより衰えてきた。大半の領国において、貴族、聖職者、市民が一堂に会する会議は、統治者に対して主として出費を抑え、これにより課税を抑えることを目的としてあらゆる制限を課していた。

一五世紀の間、二つの対照的な発展が見られた。一方では、多くの都市は小規模ながら有力な小国に進展を遂げ、独自の道を進んでいた。他方では、さまざまな領邦を越えて権力がブルゴーニュ侯家というひとつの家門の手に徐々に集められた。同家は、思慮深い婚姻とそれに伴う相続を通じて、また公然たる戦争を通じてこれを入手した。

## フィリップ豪胆侯(一三四二—一四〇四年)と婚姻政策

一三六三年当時のフランス王は息子のフィリップ(豪胆侯と称される)にフランスのブルゴーニュ侯領を与えた。一三六九年彼はフランドルのマルハレータと結婚したが、彼女自身はブルゴーニュの別の伯領(フランシュ・コンテ)の家督相続人であった。一三八四年義父の死去の際、フィリップは妻を通じ、いまやフランドル、アルトワ、ヌヴェール、レーテルの諸邦とブラバンドから勝ち取ったアントワープとメヘレンという二つの重要な都市を相続した。

ブルゴーニュ侯フィリップ豪胆侯

この時以来、ブルゴーニュ侯家はフランス王家からほぼ独立して、また、ほとんどの場合、これと対立して行動した。その後の争いの中で、侯家は南方の境界では多少地歩を失ったが、北方に勢力を伸ばすことには成功し続けた。

フィリップは子供たちに有利な婚姻をまとめることに成功した。一三八五年二つの婚礼が行われた。ひとつは、後にジャン無畏侯と呼ばれる息子のジャンとバイエルンのマルグリットとのものであった。もうひとつは娘のマルグリートとバイエルンのマルグリットの兄のウィルヘルム六世とのものであり、彼は一四〇四年にホラント、ゼーラント、エノー伯となった。ウィルヘルムには息子がなかったので、一四一七年彼が死去すると、その娘のバイエルンのヤコバが後を継いだが、彼女はその時ブラバント公ヤン四世と結婚していた。片やフランドルのいくつかの領国を手にしていたブルゴーニュと、一方ホラント・ブラバント連合側との間で問題が生ずることは避け難かった。

## フィリップ善良侯（一三九六―一四六七年）

ジャン無畏侯の息子で善良侯と称されたフィリップは、これらの地域すべてをその支配の下で統一することに成功した。彼はほどなく従妹のヤコバとの間で激しい争いを続けることとなるが、彼女は何度も結婚したにもかかわらず、その地位を継ぐ子供に恵まれなかった。この内紛の中で、ホラントでは釣り針派と鱈派の紛争が再び燃え上がり、一方は女伯ヤコバに加担し、他方はブルゴーニュ侯の要求を支持した。ほどなく両者の争いはかつてなく苛烈なものになった。一四二八年遂に妥協が成立した。

ブルゴーニュ侯兼ホラント、ゼーラント、エノー伯及び、相続によりブラバント及びルクセンブルク侯となったフィリップ善良侯。ロヒア・ファン・デル・ヴァイデンの原画の模写

これは、ヤコバが称号を維持する一方で、実権をフィリップに譲ることを含んでいた。また、彼女は、フィリップと、ずる賢く振る舞った彼女の母親と、三邦の身分制会議の許可なく再婚することができなくなった。この協定にもかかわらず、彼女がゼーラントの貴族のフランク・ファン・ボー

バイエルンのヤコバ（1401－1436）、ホラント、ゼーラント、エノーの女伯

ゼレンと秘密裏に結婚した時、彼女は称号を奪われ、フィリップがホラント、ゼーラント、エノー伯を承継した。

一四三〇年にブラバント侯であった二人の従弟が子を持たないまま亡くなったので、ブラバントは既にフィリップの領有に帰していた。一四五一年彼はルクセンブルクも相続したので、祖宗の地のブルゴーニュに加えて、彼の「帝国」は現在のベルギー、ルクセンブルクおよびオランダの大部分の領土を含む結果となった。ヘルダーラント、ユトレヒト、フリースラント、フローニンゲンは含まれなかった。しかし、フィリップは庶子のダヴィッドを司教に任ずることに成功し、一四五六年ユトレヒトを、またこれと併せてオーファーアイセルとドレンテをブルゴーニュ陣営に引き入れた。

フリースラントは長い間ブルゴーニュの手の届かぬ所に留まった。迫りくるブルゴーニュを宿敵とみなすようになり、その結果ブルゴーニュの拡大に最も手強い敵となったヘルダーラント侯の支援を時に得ながら、フローニンゲンもしばらくは独立を保ち続けた。

### シャルル突進侯（一四三三－一四七七年）

フィリップの息子で相続人であるシャルル突進侯は、父親同様にヘルダーラントと衝突した。彼は諸国をまとめ上げる大望を抱き、これを九世紀のロタール帝のカロリング国に匹敵する規模にまで拡大しようとした。そのうえ、彼は神聖ローマ帝国皇帝から王位を獲得することにより、自らの輝かし

ブルゴーニュのシャルル突進侯（1433−1477）

ブルゴーニュのフィリップ善良侯の創設した金羊毛騎士団の会合（1430年）

い戦勝を確実なものにすることを望んだ。

　国際政治において巧みに動くことを余儀なくされ、シャルルは英国との間で反フランス同盟を結んだ。英国王自身は英国がかつて有していた領土の大半を英仏百年戦争の間にほとんど取り戻したフランスと敵対しており、ブルゴーニュが強力になるにつれてフランスとの争いが激化する中でブルゴーニュを支持しようとした。別の動きで、一四七三年シャルルはヘルダーラントをブルゴーニュ連合側に併合した。同年彼はロレーヌを征服し、かくしてオランダの多くの領国が本来のブルゴーニュの領土と地理的に繋がることを確保した。しかし、一四七六年ロレーヌの人々が反抗した。一四七七年首都のナンシーの奪還を試みて、彼は殺害された。娘のマリーが唯一の子であり、彼の後を継いだが、彼女はハプス

ブルゴーニュ女侯のマリー（1457−1482）

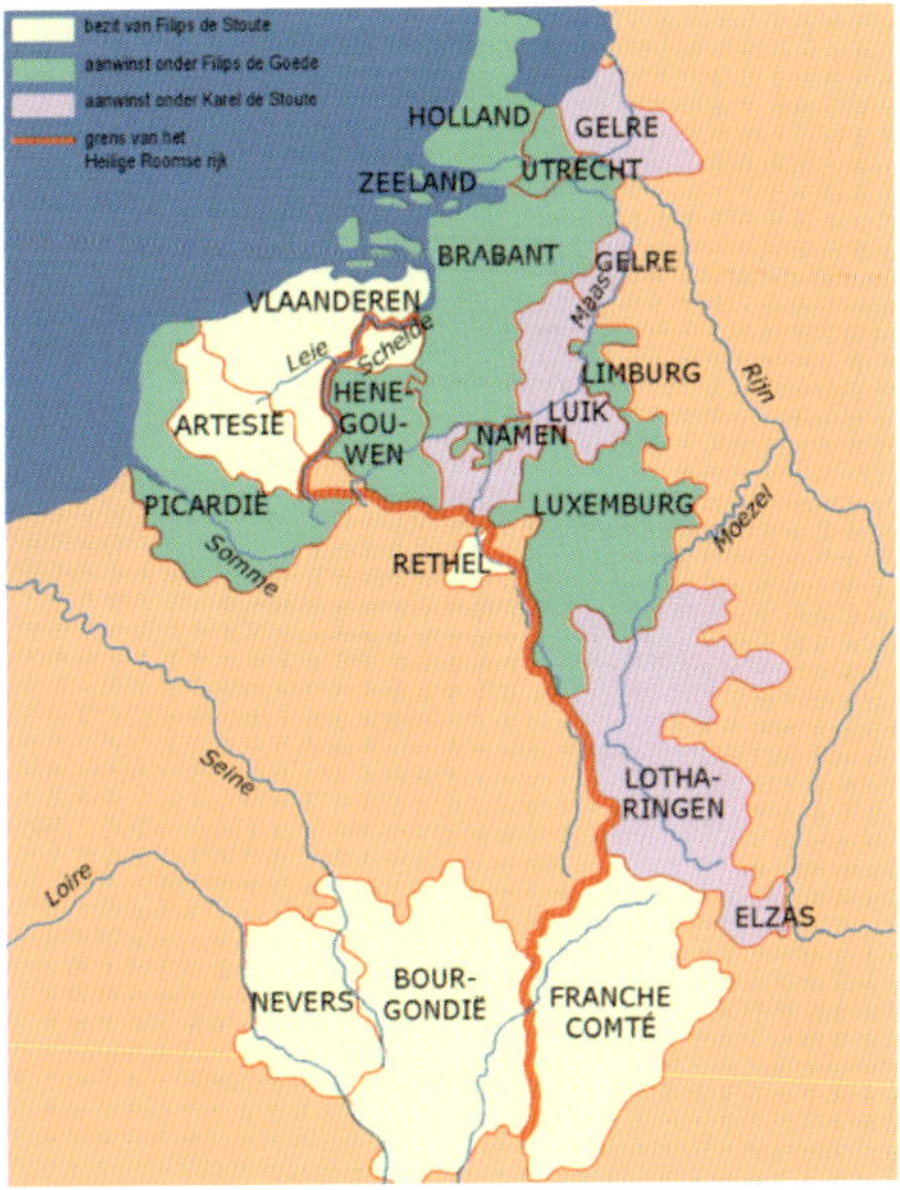


シャルル突進侯（1433−1477）死去時のブルゴーニュ時代のオランダ地図

ブルク家の皇帝の息子と結婚することが決められていた。彼女がこのオーストリア大侯であり、何十年にもわたりドイツ皇帝を送り込み続きてきたハプスブルク家のマクシミリアンと結婚した時に、ブルゴーニュ侯国とハプスブルク家の領地は合体した。

一方、ホラントの釣り針派はブルゴーニュ侯への敵対を続け、その権威をできる限り貶めようとした。叛徒はユトレヒト市の境界まで押し戻されたものの、一四八一年から一四八三年までの間、そこからブルゴーニュ出身のダヴィッド司教とハプスブルクのマクシミリアン（いまや神聖ローマ帝国皇帝であって、かつ妻のブルゴーニュのマリーを通じて彼女に代わって新たなホラント伯代行でもあった）に対して、激しい戦いを続けた。マリーは一四八二年に死去し、マクシミリアンは彼の息子で相続人であり、後にフィリップ美男侯として知られるフィリッ

オーストリア・ハプスブルク家のマクシミリアン大侯（1459－1519）

プの摂政に任じられた。釣り針派は一四八三年にはユトレヒトにおいて敗北を認めざるを得なかったが、一四八八年にはブルゴーニュとの戦いの場に戻り、二年後に再び敗れはしたが、ロッテルダム市をとることに成功したことさえあった。

一方、ヘルダーラントはブルゴーニュの拘束からうまく逃れることができた。一四九三年成人したフィリップ美男侯は当初はヘルダーラントを再度従えようという考えは持っていなかった。しかし、父親のマクシミリアンがこれに固執したので、一五〇四年同領を征服した。その結果、ヘルダーラント侯のカレルはブルゴーニュ家の従兄弟たちを大いに恐れていたフランス王と同盟した。彼は、怖れられていたマールテン・ファン・ロッスムを司令官として襲撃をかけさせ、その領地を取り戻そうとした。フリース人の海賊である「フローテ・ピア」などの助けにより、彼は一時フローニンゲンとフリースラントさえも押さえることに成功した。フローニンゲンはその時彼を君主として認めた。

## ブルゴーニュ、ハプスブルク、世界：フィリップ美男侯（一四七八―一五〇六年）

フィリップ美男侯の称号を調べると、ブルゴーニュが如何に強力になったかが明らかになる。彼はブルゴーニュ侯であるだけでなく、低地諸国の一〇以上の伯や侯でもあった。皇帝の息子として、オーストリア大侯でもあった。一四九五年カスティリア王国のファナとの結婚により、彼の力はさら

ブルゴーニュのフィリップ美男侯（1478－1506）とその妻、アラゴンとカスティリア王国の王女ファナ（1479－1555）

に大きくなった。彼女は母親のカスティリア王国と父親のアラゴン王国のただ一人残された相続人であった。この両国は後日現在のスペインの中心となった。一五〇六年義母の死により、フィリップはカスティリア王となり、またこれに伴い、カスティリアが近時獲得したアメリカの領土の王となった。しかし、同年彼は思いがけず死を迎えた。

## 世界帝国の一部としてのオランダ：皇帝カール五世（一五〇〇－一五五八年）

フィリップ美男侯とカスティリアとアラゴンの連合王国のファナの結婚によって、その長男のカールは既に世界に広がり始めていた帝国を相続する運命にあった。それでも、彼は一五〇〇年にヘントで生まれ、ユトレヒト出身の学者のアドリアン・ブイエンスにより人文主義の伝統の中で教育されていたので、オランダに根があった。カールの影響力により、アドリアンは後に枢機卿になり、やがて法王に選ばれた。こうして、ハドリアヌス六世はオランダ人として初めて聖ペテロの後継者となった。彼は教会の乱脈や退廃に対し厳しい方針をとったので、ローマではあまり愛されることはなかった。恐らくこれが理由で、二〇世紀の終わりになるまで、彼が非イタリア人の最後の法王となったのであろう。

一五〇六年父の死により、カールはブルゴーニュ全体を相続したが、これには合わせて今日オランダと呼ばれる、当時依然として独立していた多くの侯領や伯領が含まれていた。彼は一五一五年成人に達したことを宣言されたが、一五〇六年以来摂政としてカスティリアを治めていた祖父のフェルディナンドが一五一六年に死去したことにより、アラゴンとカスティリアというスペインの二つの王国の王ともなった。アラゴンにはナポリ王国とシチリア王国と言う配下の王国とミラノ侯国が付属しており、また、カスティリアには一四九二年に征服したグラナダ王国と、同年のコロンブスの航海以降新世界で自国領として獲得した次の領土が含まれていた。即ち、一五一九年にスペイン人の冒険家が征服したメキシコ、一五三二年インカから奪ったペルーおよびこの何十年かの間に獲得したフィリッピン諸島である。カールは一五一九年祖父のマクシミリアンが死去すると、オーストリア諸邦も相続した。最後に、多くの策謀と買収により彼はローマ人の王に選出され、正式に神聖ローマ帝国の皇帝として戴冠した。

この間、ブルゴーニュ侯国本体はフランスに取り返されたものの、ヘルダーラント、フローニンゲン、フリースラント、ユトレヒトはブルゴーニュ帝国の一部となっていた。一五四三年、ヘルダーラントはフェンロー条約を受諾して、ついにカール五世のもとに下った。フローニンゲンは一五三六年彼

有名なティツィアーノ作の皇帝カール5世の肖像画（1548年）

を君主として既に承認していたし、司教領では彼の以前の家庭教師であって、いまや法王であるハドリアヌスの決定によって、司教が有する世俗的な権力を獲得していた。しかし、この広大な帝国のすべての地域は統治上それぞれ個別の領国の形を維持したままであった。

「ネーデルラント一七邦」を一つの地理的に連続した領土としてまとめることに成功した後は、カールはこれらを別々の国として治めることを欲しなかった。他にも職務があるため自ら直接統治することはできないことを認識して、彼は国王の執政を任命しブリュッセルに置いた。カールは彼の富の多くがこの統治困難な地域からきていることを知っていたので、この極めて重要な地位には信頼できる親戚を任命することが望ましいと考え、女傑として知られていた叔母でサヴォワ侯太妃のマルガレータを初めに執政に選んだ。後に、妹でハンガリー王太妃のマリアがこれを継いだ。

これ以降、彼はただ時たまオランダを訪れるだけで、大半の時をさまざまな敵と戦うことに費やした。敵とは、今や自国を包囲しつつあるハプスブルクとは当然ながら対立するフランス、単に君臨するだけでなく統治しようとする皇帝を嫌うドイツ帝国の諸侯、新たな現象である宗教的叛徒のドイツ諸邦の新教徒である。最後にまた同じく重要なこととして、彼はバルカン半島と地中海の双方においてその帝国に進出してきたイスラム教徒のトルコ軍と戦わねばならなかった。

## ハプスブルクの集権化政策に反対するネーデルラント一七邦と諸都市

一五世紀後半以降、地域の代表の集会、すなわち聖職者、貴族、都市からなる「身分制会議」はブルゴーニュ家とハプスブルク家が確立しようとしていた中央政府に対する最も強力な敵対者に成長した。形式的にはブルゴーニュのハプスブルク家はこれらの地域それぞれを侯、伯または領主として個別に支配した。しかし、彼らはその巨大な帝国を守るために行う戦争への出費を賄うべくこれら諸国の財源からの税収を当然必要としており、この税収を改善するためだけにでも、オランダ全体に対して同じ政策と行政を行うことが必要であると感じていた。彼らにとって、地域の特権を注意深く尊重し、各領国の主権を維持していくことは、行政上も政治的にも効率的とはいえなかった。そのため、彼らは各国ごとに宰相が率いる機能的な行政機関を置くようになった。これに加え、彼らは諮問機関として、高位の貴族、職業的行政官、法律家からなる評議会を任命した。また、彼らはいくつか会計院、法院を設けた。しかし、手続きが煩雑で統制が容易でないとみて、ほどなく彼らは財務および司法行政を集権化した。中央の全国会計院はシャルル突進侯によって既に設けられており、ほどなくメヘレン(マリーヌ)高等法院として知られる高等法院も制度化された。

財務、司法の集権化に向けてのブルゴーニュ侯の動きに対抗するため、多くの都市がブルゴーニュ侯

ブルゴーニュ・ハプスブルク国家の高等法院であるメヘレン（マリーヌ）高等法院（1474年）

の権力に敵対する集団を支援した。例えば、ユトレヒトとアメルスフォールトは一四八一年から一四八三年まで釣り針派と鱈派の闘争に加担した。また、両市はその市壁の内側で起きた重罪の案件の場合には、司教に判事としての裁判権を認めなかった。やがて両市は自ら都市参事会を選定することを決め、参事会は都市の条例を作成し、伝統的には君主権力の現地代表であった代官を任命することまで行った。しかし、市民が地域の身分制会議に参加することを通じ君主の統治に影響を及ぼし続けてはいたものの、一六世紀の間は、各国にある中央のブルゴーニュ・ハプスブルク政府はさまざまな都市の独立を容赦なく抑え込むことができた。

## 全国身分制会議と最高法院

他方、さまざまな地域の身分制会議も中央集権化の影響を受けた。一四六四年、フィリップ善良侯が十字軍に赴くことを財政的に認めるかどうかを決定するため、彼らはブルージュで初めて一堂に会した。この会合は「全国身分制会議」と呼ばれ、ほどなくこれはブルゴーニュ領の統治における恒常的な特徴の一つとなるが、一四七七年にブルゴーニュのマリーによって発出された「大特権」においてその役割が明記されてから、ますます恒常的なものとなった。このとき父の死に際し、マリーはそのハプスブ

ハンガリーのマリア（1505－1558）の1550年頃の肖像画。作者不詳。1531－1555年の間、ネーデルラント執政　〈RMA〉

ルク家出身の夫が、彼女が統治するすべての領国において支配者として承認されることを望んだのである。全国身分制会議は、これに対し、今後同会議は国王の命によってのみ会合するのでなく、自ら望むときに会合することを許されるべきこと、また、君主が彼らの同意なしに戦争を決して始めぬことを要求した。また、中央の権威の道具として最も憎まれていたメヘレン高等法院と全国会計院が廃止され、二五人のメンバーによる最高法院と女侯の統治を助ける宰相職が設けられた。

ブルゴーニュ・ハプスブルクの君主が報復を怠ることはなかった。一五〇四年、全国身分制会議はその権限を維持したものの、メヘレン高等法院は高等法院として復活した。カール五世は最高法院を自らの中央集権化の道具とすべく、財務評議会、枢密評議会、国務評議会を設立した。前二者は彼が完全に統制したものの、国務評議会は全般的な諮問機関たるべく主要な役人と、時に独立の立場をとることを彼が恐れたオランダの主要な貴族とから構成されていた。しかし、ブリュッセルで統治する皇帝の執政は、事実上自らが中央権力の道具として好んだ役人とほとんどの協議を行った。

## 経済：ホラントの諸都市の重要性の増大

一三五〇年頃より後、小「氷期」のためヨーロッパの人口は劇的に減少した。多少の温度差であっても、地上の平均気温が下がることにより、農業が被害を受けた。不作が続くことにより、飢饉と地域住民の身体虚弱化により、何十万人という人々が黒死病のような恐ろしい伝染病の餌食となった。それによってもたらされた経済不振は一五世紀に入っても長く続き、その後ようやく復興の最初の兆しが見えるようになった。人口が再び増え始めたので、穀物が西ヨーロッパ全体で必要とされた。大部分の国々は十分な生産ができなかったが、バルト地域と中欧はこれを豊富に供給することができた。

まさしく伝統的な交易上のつながりを通じて、ホラントはオランダ全体の経済を支配し始めた。一四世紀以来、ドルドレヒトは主要河川経由で北海地域と中欧との間の交易を行い、すでに主要な役割を果たしていた。一三四四年この町はライン川を行くすべての通行に対する互市強制権さえ獲得した。一四〇〇年頃より後、ホラントの他の都市が国際的交易、特にバルト海との交易に参加し始めた。中世後期の大貿易網であったハンザ同盟が主としてこれにより影響を被った。ホラントの都市の大部分はかつてハンザ同盟に参加したことがなく、したがってこの同盟が持つ保護主義的規則に煩わされることがなかった。アムステルダムがいまや同盟のもっとも手強い競争相手となったが、ホールンやエンクハウゼンも繁栄した。

デンマークの王位継承戦争の結果、一五三一年から一五三七年の間ズント海峡の通航が閉鎖されたときに飢饉がオランダを襲ったことで、バルト海との貿易の重要性と脆弱性が明らかとなった。人口の増加により、また漁業、交易、工業への専業化により、ホラントの人々が自己の土地の収穫物だけで生きていけるのは既に遠い昔のこととなっていた。その結果、より多くの人々を養うために、いまや彼らは大量の穀物を貯蔵してこれに依存するか、耕地面積を増やさなければならなくなった。もち

ライデンの毛織物会所、1640年建設

ろんほぼ農業地帯である内陸の諸邦は、人口密度もそれほど高くなく、問題はそれほど深刻ではなかった。

ホラントの諸都市にとっては農業より海の漁業がますます重要性を増した。一四世紀の末に、ニシンの塩漬け法が発明され、漁民がニシンに塩をして船上で保存することができるようになったことが、本格的なニシン産業の成立につながった。その結果、関連の造船業もふたたび盛んになった。

一五世紀の間、古くからある多くの工業も引き続き発展した。ライデンとハールレムはイングランドの羊毛から毛織物を製造する大きな中心地となった。ビールはデルフト、ハウダ、ハールレム、アメルスフォールトで大量に醸造され、いくらか輸出に向けられた。法王でさえオランダのビールを好むと言われた。

これら工業の大部分は都市にあり、ホラン

トの農村地域はこの繁栄する経済の中で不利な立場にあった。都市がホラント伯、いまやブルゴーニュ侯にとりますます重要となるにつれ、同侯は課税の可能性に鑑み、一定の特権に対する都市の要求を認めざるをえなくなった。また、都市は単にその経済的利益を保護するためだけに、農村ではある種の工業を禁止することを求めた。これは当然、都市の一層の発展とホラントの一層の都市化につながった。

しかし、このような経過は農村地域から貧窮した人々が流入することによって、いくつかの大都市に相当な規模のプロレタリアートが発生する元となった。

一五〇〇年までには、概して、ホラント州が北ネーデルラントの経済を主導していた。これは続く数世紀の間、政治にも明白な影響を与えた。

# 11. 文化（一三〇〇—一五五〇年）：新しい傾向の出現

## ルネッサンスと人文主義

一三〇〇年から一五五〇年までの間に、主にエリート文化においてヨーロッパ全体で変化が起き、人々の人間観、また、世界観に深い影響を与えた。徐々に、教育のある人々、すなわち読書層は、カトリック教会の組織を通じ正式に認められ、伝達される智識の権威について疑問を持つようになった。特に、人の神との関係、神の創造物である宇宙との関係について、より経験的な観点から研究がなされるようになった。人が自らの意見を持ち、真に人となる義務を果たすことができるよう、書物、書物中の第一の書物である聖書のみならず、「自然という書物」が批判的考察の対象となった。

デシデリウス・エラスムス（1466−1536）、ハンス・ホルバイン（子）画、1523年頃

オランダでは、ロッテルダムのデシデリウス・エラスムス（一四六六—一五三六年）がこの人文主義の第一人者となった。彼は学者として、既に当時有名であったが、宗教的なものであれ、世俗的なものであれ、古典を研究する際は原典に当たれとする人文主義の原則を聖書に適用した。こうして、彼は長く使われてきたラテン語の新約聖書には何代にもわたる筆写により間違いが多くなっていることを明らかにし、ギリシア語版をもとにした学術的な初版を刊行した。

エラスムスの倫理及び宗教に関する見解は、「新しい信心」の精神に類似している。彼は寛容と平和を信じ、純粋で真面目な宗教を唱えた。ただし、彼自身もまた他の人々もローマ・カトリック教会の運営上、道徳上の慣行に批判を高めてはいたものの、彼はカトリック教会の枠組みの中でこれを行った。

ルネッサンスは伝統的に人文主義に結び付いており、そのより視覚的な表現として新しい形式の建築、彫刻、絵画に現われただけでなく、音楽や文学にも現われた。基本的に、ヨーロッパの芸術は今や古代のローマ人やギリシア人の芸術を（再）発見することによって、また、人間は自然をできる限り模倣し、表現すべきであるという思想によって、息吹を得た。ルネッサンスもまたイタリアに源を発し北方に広がったが、北方では種々の視覚的芸術は従前のゴシック様式を長く保持した。

ナイメーヘンのラテン語学校、1544－1545年建造

## 教育と文学

多くのオランダの人文主義者はラテン語学校で教えていたので、その考えを多くの聴衆に提示することができた。ラテン語学校は次第にオランダにおける主たる教育機関となった。これは本来教区の教会に付属し、特に聖職者となるべき者を訓練するためのものであった。都市の人々がより豊かになるに従い、彼らも教育に関心を示し始めた。しばしば都市参事会はこれらの学校の運営に発言権を

要求し、あるいは新たに学校を設立するようになった。一六世紀には都市の運営する学校は民間の学校の前に影が薄くなった。都市当局は罰金を課したり、ある種の教科をカリキュラムで禁止したりすることによりこれに対抗した。女子は時に民間の学校に受け入れられたが、都市の学校には受け入れられなかった。

人文主義の影響のもと、中等学校もしくはギムナジウムとも呼ばれたこれらの学校は古典やその関連教科の学習に重点を置いたが、算数、歴史、物理も教科に含まれていた。

概していえば、オランダの教育は、ほどなく富裕層に対するものも貧困層に対するものも、質量ともに大半の他のヨーロッパ諸国を凌ぐようになった。その結果、識字率が向上した。一六世紀以降、他国と比べて低い、この国の文盲率が外国からの訪問者を驚かさぬことはなかった。

このような発展は一五世紀の中頃に印刷術が発明されなければ起きなかったことは明らかであろう。これは今日ではドイツ人のグーテンベルクの功に帰せられているが、ハールレム生まれのローレンス・ヤンスゾーン・コステルが可動式の活字を試みた最初の人であり、名誉ある地位を与えられるべきことをオランダ人は長年証明しようと努めてきた。

いずれにせよ印刷術は巨大な影響を持つ文化的革命を起こすことになった。書物の価格が徐々に下がるにつれ、いまや従前よりずっと多くの公衆が自ら本を買い、読むことができるようになり、学校に通って多くを得た。通信が増加し、知識が広がり、人々は徐々により広い世界を知るようになった。また、教育と印刷術はより大きな人々の集団に文化的参加への刺激を与えた。富裕な市民は文学を取り上げたが、これは従前なら常に貴族の趣味であったものである。商人、銀行家、企業家が今や「文芸サークル」を作り、詩を学ぶようになった。明快な倫理的教訓を伴う芝居の人気がより高まったため、一六世紀には騎士道的な詩から演劇への移行がみられた。この過程で、人々は綴りを標準化し、適切な文法と構文の規則を定める必要を感じた。ゆっくりと近代オランダ語が誕生した。

## 建築、彫刻、絵画

富裕な都市民は建築にも積極的な関心を持ち始めた。彼らは石造りの家を建てたが、初めは新しいゴシック様式を使い、一六世紀以降はこれにルネッサンスの要素を取り入れ始めた。また、彼らは壮麗な教会や市庁舎の建設にも気前よく寄進した。アメルスフォールト、レーネン、デルフト、ブレダのような都市は時には一〇〇メートルを超すような巨大な尖塔の建設に互いに凌ぎを削った。これらの尖塔は大半が町の中心的な教会に付属するもので、宗教と政治の密接な結びつきを示していた。

一五五〇年頃以前には、彫刻と絵画は、貴族と聖職者が創作を促し、また委託するのが通例であった。しかし、市民もまた、宗教美術に金を使い始めた。これもまた、社会経済生活と宗教生活の間に密接な関連があることを背景としている。町の経済生活は、パン屋のギルドや肉屋のギルドなど、特定の職業を代表する集団であるギルドによって支配されていた。加盟員の埋葬費を支払う、貧民に施しをする等々の、あらゆる社会的な奉仕を引き受けるため友愛会が設立され、社会生活は友愛会やその周囲を中心としていた。生活上の諸々のことは全て町の教会で執り行われた。教会にはギルドや友愛会の豪華な礼拝堂が建設されるか、少なくとも、特別な祭壇が作られた。礼拝堂も祭壇も資金を出す団体によって特に崇拝された聖人の彫像や肖像画で飾られた。一五世紀のもっとも有名な彫刻家は、

ヒエロニムス・ボス（1450－1516）「干草車」、中央板、1515年頃の画。人を地獄に導くことが避けられない、物質的悦びの必要の寓意画

「輝かしい聖母友愛会」のためにデン・ボスの聖ヤーコプ教会に処女マリアのための祭壇を作った、ユトレヒトのアドリアン・ファン・ヴェーゼル（一四二〇年頃―一五〇〇年）であろう。

ユトレヒトは、近隣のいくつかの小さな町とともに、一四〇〇年頃からオランダの文化的な中心となっていた。司教も、また大半は貴族である五つの聖堂司教座参事会の会員も、多くの熟練した芸術家を雇っていた。一五世紀前半にここで細密画が花開いた。ヘルダーランドのアルノルト侯夫人であるクレーヴェのカタリーナのために一四三〇年頃に作られた時祷書はこの美術分野でもっとも有名な例である。ユトレヒトの細密画はそのリアリズムと日常生活から主題を選ぶことで南ネーデルラントのものとは違っており、これはその後何世紀もの間続いてオランダ美術に支配的な特徴となった。

一四〇〇年以前にはほとんど存在しなかった非宗教画も、まずユトレヒトに近いところに現れ、その後ハウダ、アウデヴァーター、スホーンホーフェンに現れた。ライスベート・ファン・ドゥーヘンフォールデ夫人を描いた、オランダで知られる最初の肖像画は一四三〇年に羊皮紙の上に描かれた。

一五世紀の後半以降、オランダの都市の経済的繁栄も絵画を刺激した。やがてハールレムが新たに文化的な中心となりユトレヒトからアルベルト・ファン・アウヴァーターのような芸術家を引きつけた。ハールレム派の有名な芸術家には、ヘールトヘン・トット・シント・ヤンス（一四六七年頃―一四九五年）や、後にルーヴァンに移ったが、ディーデリック・バウツ（一四七五年頃）がいる。

一六世紀前半にはルネッサンス様式が建築のみならず絵画や彫刻においても目立つようになった。基本的に、多くの芸術家はいまや高度に競争的な市場で生き残り、流行の頂点を示す作品を生むためには、人文主義とルネッサンスの揺籃の地であるイタリアに行かねばならないと思うようになった。イタリア旅行をした最初の芸術家として知られるのはブルゴーニュ出身のダヴィッド・ユトレヒト司教の司教官邸で働いていたヤン・ホッサールトであった。彼の弟子のヤン・ファン・スコレル（一四九五―一五六二年）は肖像画と宗教作品で有名だが、師に続いた。新しい様式で描いた他の画家には、例えばルカス・ファン・レイデン（一四九四―一五三三年）がいるが、彼は当時肖像画と祭壇装飾、特に版画で有名であった。この新たな芸術形式は印刷の発明とともにもたらされたが、木版や銅版画は油絵より安価であることもあり、すぐに市民階級から大いに求められるようになった。

ヒエロニムス・ボス（一四五〇―一五一六年）は、ブラバントで、主としてデン・ボスで働いた。同時代の農村の生活の悲惨さとその頃始まったばかりの魔女狩りに触発されたかのような、非常に幻想的な彼の作品には中世の精神が依然として強く

1321年に建設が開始され、1382年に完成したユトレヒト大聖堂の大塔。19世紀のリトグラフに描かれたもの

表れていると主張する人もいる。新しい時代が夜明けを迎えつつあった一方で、それ以前の文化が引き続き残っていたので、そのような見方もありえよう。

## ルターとカルヴァン

一五世紀の宗教では、「新しい信心」運動が説いた真面目な生活スタイルへの熱意は衰えていた。祭りの行列や人目を引く巡礼の華やかさや儀式への欲求が高まっていた。同時に、富裕な市民はいわゆる托鉢修道会の修道士が町に居着くことをますます求めるようになった。彼らは脱俗的な生き方を唱えるこれらの修道士に金銭を与えることで、宗教上の義務を果たしていると感じた。

「教会間の寛容を求める平和」を表す17世紀の寓意画。作者不詳。席に着くカルヴァン、法王、ルターと再洗礼派〈RMA〉

また、一五世紀にはドイツ諸邦で信仰復興が生じ、説教者はより純粋な信仰への回帰を唱えた。人々は、ローマの教会が止めさせようとしないどころか公に許容さえしている多くの不正行為を嫌悪するようになった。より強い、より個人的な信仰を表現することのできる方法を求めて、また、高位聖職者の蓄財や、聖職の売却やいわゆる贖宥状（基本的には一定の金額を支払うことの見返りに人の罪に許しを与える文書）の販売を非難して、マルティン・ルターは一五一七年に有名な九五カ条の提題で彼の改革思想を公表することを決意した。かくしてもう一つの改革運動が始まった。これは勿論最初の改革というわけではなかったが、いまや活字印刷という新たな伝達手段によってその思想を全欧州に広げることができるようになったこともあり、断然最も成功したものであった。その結果、今日我々はこれを「宗教改革」と呼んでいる。

ルターの思想はすぐにオランダで好意的に迎えられた。しかし、ハプスブルクの中央政府は、政治的不安定を育むこともあり、宗教的多様性に反対した。一五二一年ブリュッセルは改革派あるいはプロテスタントに対し最初の布告を出した。一五二五年には見せしめのため、ヤン・デ・バッカーにウールデンですでに焚刑を命じた。この厳しい政策は、平和志向のルター主義よりずっと過激で、特に下層階級に訴える運動が今や南ドイツで起きていたことに発していた。それは再洗礼派として知られ、全構成員に平等を約束して、急速に北西ヨーロッパに広がった。オランダで主たる再洗礼派の一人であるライデンのヤン・ベーケルスは、ミュンスター市の征服を指揮し、この運動はそこでほぼ一年間「神の王国」を維持した。この革命的なグループの信者は、特にアムステルダムで同様な共同体を作ろうとした企図が失敗に終わった後、どこでも当局により厳しく迫害された。再洗礼派はこれより穏やかな性質であるにもかかわらず、同じく迫害された洗礼運動と混同されてはならない。こちらはメノ・シモンズ（メノナイトと言う名は彼にちなむ）がフリースラントで唱道し、そこで多くの信者を得た。最後に、同じく重要なこととして、宗教改革がジュネーブでその思想を唱道したジャン・カルヴァンにちなんで名づけられたカルヴィニズムの運動にも表れたことが挙げられる。彼の教義は一五五〇年以前にはオランダで大きく広がらなかったが、その後数十年の間にオランダで最大のプロ

アムステルダムのダム広場で処刑される異端の再洗礼派の人々、1535年。J．ファン・ヘンゼルの版画
〈GAA〉

テスタント勢力となった。

カール五世は彼のすべての領邦においてプロテスタントに対して厳しい措置を取ることを支持し、更に、彼が統制できる教会で、プロテスタントの影響力を抑える、強力な教会の必要性を感じた。これに従い、早くも一五二二年に、彼は司教座の再編を法王と協議し、教会政策をより官僚的にみて効率的なものにし、また彼の統治上の利益にも沿うものにしようとした。しかし、臣下の大半はこれをネーデルラント諸邦の独立を損なう、新たな耐えがたい中央集権化の例とみなした。そのため、カールの治世中に教会の再編は実現しなかった。一方、ヨーロッパ全体で宗教紛争は純然たる宗教戦争に転じつつあったので、皇帝は問題の解決を模索した。一五五五年アウグスブルクで「宗教和議」の約定が署名された。これにより、神聖ローマ帝国を構成する何十もの領邦のひとつひとつで、支配者の宗教を臣下が受け入れなければならないことが宣言された。これはネーデルラント一七邦が、その支配者であるカール皇帝の信仰がカトリックである以上、カトリックに止まる義務を負うことを意味した。彼の息子で後継ぎであるスペイン王フェリペ二世の場合はなおさらであった。

# 12. 一五五〇年頃より後の社会と政治：「スペイン」の支配への抵抗の増大

一五四九年カール五世はいわゆる「国事詔書」を発布した。彼はこの文書で、現君主の後継者で、神聖ローマ皇帝によってネーデルラントの主権者として承認される者の手に、ネーデルラントの全一七邦がひとつの不可分の領土として受け継がれることを確保すべく、一つの承継法が全一七邦で守られることを定めた。一七邦の各議会が同詔書を然るべく批准したのち、カールの息子のフェリペは厳かにネーデルラントに足を踏み入れ、全一七邦で父の後継者と認められた。彼は大行列、宴会、その他市民的儀礼で迎えられながら、一七邦の首都を巡った。ここでは組織的宣伝活動が大いに繰り広げられ、すべては神の法によって支配する彼の権利を宣明することに役立った。しかし同時に、地域のエリートはまさにフェリペの支配を承認する際に、フェリペが彼らの特権を確認することを求めることによって、彼らが国政において引き続き役割を果たすことを主張しようとした。

## 国王フェリペ二世（一五二七―一五九八年）

一五五五年、フェリペは父の後を継ぎ、またカールはスペインの修道院に隠遁し、そこで三年後に亡くなった。更に、一五五五年にはネーデルラントにおけるカールの執政であったハンガリーのマリアもその職を去っていた。というのも、主としてフランスに対するハプスブルク家の戦争を統轄する

ナッサウ伯、オラニエ公のウィレム（1533−1584）の若年時代。1545年頃、コルネリス・アントニスゾーンの画〈RMA版画室〉

フェリペ2世（1527−1598）、ネーデルラント各17邦（州）の君主兼スペイン王。アントニオ・モロ画、1554年頃

ためフェリペがネーデルラントにいる限り、その間彼は自ら統治することができたからである。

行政は従前通り国務評議会を名目上国王の主たる諮問機関として続けられていたが、国務評議会はこのときアントワーヌ・ペルノ・ドゥ・グランヴェルが率いることになった。彼は後に枢機卿に列せられる人物で、最も有力な官僚であったが、五人の高等法務官により補佐されていた。さらに、同評議会はラレーン伯やエグモント伯とともにナッサウ家のウィレムのような多くの大貴族を含んでいた。ウィレムは神聖ローマ帝国内の主たる家門の出身でネーデルラントにも広大な所領を有するとともに、南仏の小さいが独立した国家であるオランジュ（オラニエ）公国を相続していた。

しかしながら、フェリペは広大な領地を支配し、従って、平民に大きな支配力を持つこれらの有力者と共に統治するよりは、むしろ少数の信頼する顧問官とのみ相談することを好んだ。このように無視され、国務評議会の強力な貴族の多数は現状を著しく不満に感じた。オラニエ公もかつてカール五世の宮廷ではお気に入りであったので、更に不満が強かった。彼はグランヴェル枢機卿の友人であったが、一五六一年に彼の忠告に反し、ドイツ帝国内のカールの年来の仇敵のひとりの娘であってプロテスタントで裕福なザクセン侯家のアンナと結婚して不興を買った。

## グランヴェル枢機卿

一五五九年にフェリペがネーデルラントを去ると、いまや彼に代わって統治していた異母姉のパルマのマルガレータにとり不愉快なことに、グランヴェルが次第に実権を握るようになった。この間、一七邦において大貴族のうちの数人が国王の代理人すなわち総督（スタットハウダー）に指名されていたが、あたかもかつての独立は過去のものであると言わんばかりに、各邦はいまやますます州と呼ばれるようになった。そのなかに、ホラント、ゼーラント、西フリースラント、ユトレヒトの総督に任ぜられたオラニエ家のウィレムがいた。しかし、グランヴェルは貴族をますます国務評議会の協議から排除しようとするようになった。そのうえ、この他にもグランヴェルが中

アントワーヌ・ペルノ・ドゥ・グランヴェル（1517－1586）枢機卿兼（カール5世とフェリペ2世の）宰相の肖像。作者不詳。1565年頃〈RMA〉

央政府に影響を与えることができる方途があった。長年待ったネーデルラントにおける教会組織の再編が一五五九年に実施された。すべての新たな司教区はメヘレン大司教の監督のもとに置かれることとなり、大司教はブラバントの身分制会議において聖職者の意見を代弁する身となった。これはかつてアフリゲムの大修道院の院長の特権であったものである。その莫大な富に鑑みこの大修道院は司教区に編入され、これにより独立を失って、大司教が修道院長の特権を享受することを可能にした。新たに叙任されたメヘレン大司教はグランヴェルに他ならず、彼はいまやネーデルラントの統治に二つの足がかりを得ることになった。

## 貴族の同盟：オラニエ公と他の有力者

一五六二年不満を持った宮廷貴族はオラニエ家のウィレムの主導の下に同盟を結んだ。彼らは国王にグランヴェルを解任することを要求した。マルガレータもグランヴェルの所業に対しそれなりに不満に思うところがあったので、これは成功した。国王が折れた。一五六四年、枢機卿は家族訪問の名目でネーデルラントを後にし、再び戻ることは無かった。

後日寡黙公との愛称を得たオラニエ公ウィレムはネーデルラントにおける反抗の主導者となった。アドリアン・ケイが描いたとされる肖像画、1579年頃〈RVD〉

グランヴェルが去ったことにより、貴族は中央の政治において影響力を強めたが、ネーデルラント一七邦は不況にひどく苦しんでおり、貴族に不満は残った。これはひとつにはカール五世が起こし、フェリペ二世が継続している戦争に費用がかかるためであった。遠征費用を賄うためカールは高利で多額の借り入れを行っていた。スペインは南米の金銀の収入からネーデルラントに資金を提供していたものの、ネーデルラントの人々は、それにもかかわらず、彼らの税金が彼らにとって何の意味もない戦争にしばしば使われ、ヨーロッパの遠隔地や海の向こうの世界でハプスブルク家を巨大化することに役立っているだけだと信じていた。フェリペとグランヴェルの支配の下で税金が劇的に上がったので、財政政策はますます抗議を呼ぶようになった。国王は交易と工業に資本課税を導入しようと試みたが、全州身分制会議によりきっぱりと拒絶された。なんといっても、都市の代表はみずから実業家であったのである。

### 反抗の最初の兆し

一五六三年以降、経済状況は大半の人々にとり更に悪化していた。ズント海峡はスウェーデンとデンマークの戦争の間再び閉ざされた。海運業と食糧の生命線であるバルト海からの穀物の輸送はともに不可能になった。作物の出来も悪く、異例に厳しい冬の後、人々は反抗の瀬戸際にあった。他にも苦情の種があったのでなおさらであった。

ヨーロッパ全体と同様、ネーデルラントで時に暴動があることは珍しいことではまったくなかった。各一七邦が独立していた長い期間において、大半の都市はすでに特権を得ており、これを守りたいと考えていた。これが脅かされた時、都市はしばしば反抗に立ちあがり、侯や伯は税金を払ってくれる市民を敵に回す余裕がなかったこともあり、通常は折れざるをえなかった。

地域の特権の一つに司法行政があったので、ネーデルラント一七邦の大半で人々はメヘレン高等法院のような中央の司法機関に反対するようになった。一方、彼らはカール五世によって設置され、異端とされたプロテスタントや他の反体制派の人々の迫害を取り扱う異端審問所をはっきりと嫌悪した。大半の領邦では支配的エリート層は宗教の違いは問題を起こすことに気づいていたものの、迫害を行うことは基本的に中央政府自らの権威を損なうものと感じた。また、彼らは同胞が連行され、ブリュッセルで拷問され、火刑に処せられるのを見て暗澹たる気持ちとなった。結果として、ホラントでは一五五三年以降異端者が火刑に処せられることは無くなり、異端による死刑の宣告はフリースラントでは希になった。

一五六〇年代には、困難な財政経済情勢が宗教的迫害や政治的不穏と結びついて人々の気持ちをまさに高ぶらせた。更に、一五六〇年以降プロテスタントは、一部はルター派であり、一部はカルヴァン派であったが、より効率的な組織を作り上げた。この点で、彼らは宗教的迫害を逃れるためフランスを去った多数のカルヴァン派の難民により影響を受け、強化された。これらのいわゆるユグノーは彼ら自身良く組織された共同体を有しており、ネーデルラントでもこれを組織することを手伝った。二、三年のうちにジャン・カルヴァンの極めて厳格な教義がルター派のようなより穏健な形のプロテスタンティズムにほぼ取って代わった。

## 小貴族の「盟約」

カルヴァン派はあらゆる階層の人々を信者に加えた。多くの下級貴族もこれに共感し、現地のカルヴァン派の共同体に加わりさえした。宮廷の大貴族同様、これら小貴族も中央政府の運営方法に不満があった。多くの者は重税やら、軍隊において彼らから報酬の良い地位を奪う傭兵隊の導入やらにより、経済的にも軍事的にもその特権的地位が損なわれていると感じていた。宮廷貴族のように、彼らも互いに協力することを決め、やがて「盟約」と呼ばれる同盟を形成した。彼らはそこで執政のマルガレータに異端審問所の廃止を願う請願書の提出に歩を進めた。これは嫌悪の象徴に狙いを定めた行動であったものの、彼らがカルヴィニズムを信奉したことは、反抗の徴しとも解されえた。一五六六年四月五日四〇〇人を超える小貴族が署名した請願書が二〇〇名の武装した男たちにより提出された。当然、マルガレータと評議員たちは快く思わなかった。しかし、国務評議会の一員であるベルレモンは、おそらく事態の危険性を過小評価したためであろうが、彼らのことを乞食（フランス語で「ギュー」）にすぎない、と蔑みながら言ったと伝えられた。貴族たちは直ぐにそのオランダ語版を採用し、「ヘーゼン」（乞食）と誇らしげに自称するようになった。

貴族たちがネーデルラントにおいて王の執政に請願を提出〈ファン・ストルク・コレクション〉

宮廷貴族の中で最も有力なモンティニー伯とベルゲン伯がいまやスペインを訪れ、国王自身に請願書を提出した。マルガレータは貴族の要求を拒否できないと感じ、何人も信条により迫害されるこ

オランダの教会における聖画像破壊、D．ファン・デーレン画。他の多くは版画であるが、これは唯一現存する彩色画（1630年）

とは無いと約束したが、決定には国王の承認を得る必要があったからである。

それでも、マルガレータの約束は公然と礼拝する自由を望んだ一徹なカルヴァン派を満足させるものではなかった。彼らは一種の挑発として屋外で宗教的集会を組織し始め、時には千人を超える人々がこれに出席した。やがて、これに出席する人々は、官憲から身を守れるよう十分武装することを決めた。勿論、これはこの種の集会を宗教上のものから政治的な示威行動に転ずるための新たな挑発と政府に受け止められた。ほどなく反抗と弾圧の空気が広がることは避けがたかった。

## 聖画像破壊運動の激情‥
## 聖画像の破壊

その頃、主な貴族も何人か宗教改革の側に転じ、これにより異端の罪を犯すとともに、結果的に国家の敵となったという噂が立った。エグモント、ホールネ、オラニエの名が疑われた者の中にあった。彼らはネーデルラントを去る意思を明らかにしたが、カルヴァン派を押さえるため彼らの権威を是非とも必要としたマルガレータはこれを喜ばなかった。彼女は暫くの間ネーデルラントに留まるよう彼らを説得することができたが、特に深刻な不況のさなかにあった南部フランドルでは嵐はもはや避け難かった。ズント海峡が凍結し、またもバルト海から穀物が届かなかったため食糧不足が生じた結果、全般的な政情不穏があった。また、イングランドからの羊毛の供給が落ち込んだため、毛織物工業で失業が広がった。一五六六年八月積もり積もった感情が爆発し、聖画像破壊の激情が噴き出して、多くの教会に取り返しのつかない損害を与えた。聖画像を許さないプロテスタントの礼拝用に教会を整備すべく、特に、主として抑圧的な政府との繋がりで憎まれていた公的な教会の彫刻、絵画、ステンドグラスの聖人の肖像、その他の象徴が破壊された。

このような悲惨な状況の下、マルガレータはカルヴァン派に対し、これまでは秘密裏に集っていた場所で公然と礼拝することを許可せざるをえなかった。これは小貴族を満足させ、彼らはいまや秩序の維持のため彼女を支持することを約した。大貴族の大部分も彼女のもとに結集した。

## 国王フェリペ二世に改めて忠誠宣誓

一五六七年の始めブルゴーニュ侯によって多くの国々の主要な貴族の間で一体感を醸成するために編み出された有名な金羊毛騎士団の構成員と、政府の高級官僚や将校はともにフェリペ二世に対し改めて忠誠宣誓を行うよう求められた。オラニエやホールネを含む大貴族の何人かはこれを拒んだ。ホールネは後に応じたが、五月になり状況が悪化した時、オラニエ公は何千人もの他の反逆者と共にドイツに逃亡した。その大半はカルヴァン派であった。同時に最も反抗的な者の何人かは、財産が没収された多くの者を含めて、海に出て「海乞食」として活動を続けた。

## アルバ侯と血の評議院

万策尽きてマルガレータは執政を辞任した。うろたえた彼女の状況説明を受けて、フェリペ二世は一万人の軍隊を動員し、アルバ侯三世、ドン・フェルナンド・アルヴァレス・デ・トレドがこれを率いて、一五六七年八月二二日にネーデルラントに入った。国王は折り紙つきの軍事指導者であるアルバ侯に新たな執政として行動する上でほぼ無限の権力を与えた。同侯の最初の決定の一つは騒擾評議院の設置であったが、この評議院は死刑宣告によってやがて「血の評議院」として広く知られることになった。もちろんアルバその人はやがて「鉄の侯爵」の異名を取った。

北方の領国についての誇張された状況報告が引き起こした国王の厳しい政策こそ、ネーデルラントのカルヴァン派の人々のかなりな部分をして、国王の権威あるいは憎むべき国王代理の権威を遂に拒否させるまでにしたものであろう。

オラニエ家のウィレムは他人を信ずるより、自らの考えを秘匿するのが常であったので、いまや「寡黙公」の名で知られるようになったが、彼もまたアルバの手によって個人として不利益を被った。国王にちなんでフィリプス・ウィレムと名付けられた、彼の長男で後継ぎの公子はルーヴァン大学の学生であったが、誘拐された後にスペインで人質とされ、父親に再び見えることは無かった。オラニエとともに戦ったエグモント、ホールネの二人は捕虜となり、さらに一五六八年に処刑された。

# 13. 闘争の数十年

## 一五六八年：「八〇年」継続する戦争のはじまり

その頃、ドイツの諸邦ではオラニエ公がオランダに進攻すべく、彼自身とナッサウ伯である三人の弟達の指揮下で、四つの小さな傭兵軍を挙兵した。一五六八年五月フローニンゲンのハイリヘルレーで戦闘が行われ、フリースラントにおけるフェリペ国王の総督（スタットハウダー）は敗れたが、ナッサウ家のアドルフが戦死した。二か月後にこの小さな軍隊はナッサウ家のローデヴェイクの指揮の下、アルバ侯自身に打ち負かされた。

一五六八年秋ウィレム公自身のブラバント進攻も失敗した。彼はドイツへの撤退を余儀なくされ、資金不足により軍隊を解散した。計画を立てるに当たり、オラニエ公は人々の支援を当てにしていた。しかし、どれほど反抗的な雰囲気であったとしても、人々は同公に従がって国王の聖名で遂行されている政策に暴力で挑戦するほど絶望的な気持ちにはまだなっていなかった。当時オラニエ公がこれ以外に更に大きな計画を持っていたかどうかは定かでない。

カルヴァン派の迫害に加えて、アルバ侯が新たな税制を導入した際に状況が変わった。この税制は人々の財政負担をより均衡のとれた配分にすることを目的とした極めて道理にかなったものであったが、幅広く反対に出会った。特に都市のエリートである商人と企業家が、「十分の一税」として知られ

ハイリヘルルレーの戦い（1568年）〈ファン・ストルク・コレクション〉

る、あらゆる取引に一〇%の売上税を課すアルバ侯の計画に反対した。同税制は恒久的なものとされていたので、実際に実業に与えるであろう打撃とは別に、全州身分制会議の財政力、ひいては政府に対する交渉力を弱めるものとも思われた。

全州身分制会議は十分の一税の支払い義務を当初二年間については買収により逃れたが、一五七一年アルバ侯はより穏健な形で改めて課税を試みた。これは都市参事会からだけでなく、これまで忠実であったベルレモンのような国務評議会の構成員からも抵抗された。ここに至ってアルバ侯は辞任したが、国王は治安を回復するまで職にとどまるよう求めた。

## 一五七二年：ブリレ市の占領

この間、オラニエ家のウィレムは反対の広がりが自分に有利になるものとみて、フランスのプロテスタントの支持を得て新たに兵を挙げた。フランスのプロテスタントは自らの不倶戴天の敵であるスペイン人と戦う意欲に満ちていた。しかし、南部と東部から政府軍を攻撃せんとするオラニエ公の作戦は惨めな失敗に終わった。ホラントとゼーラントの重要な沿岸都市の占領作戦に従事していた「海乞食」はこれよりも成果を上げた。一五七二年四月一日彼らはブリレ（デン・ブリーレ）を占領し、同月中にフェーレとフリッシンゲンも手に入れた。ホラントではオラニエ公はいまだ国王の代理人であると主張していたが、遂に同公が長い間望んでいた反乱がホラントで起きた。商業的利益を懸念するアムステルダムを含む少数の例外を除いて、大半の都市は遂に彼の側に就いた。この間、アルバ侯は南部で再びナッサウのローデヴェイクの指揮する軍との戦闘に従事していたため、反乱を潰すことはできなかった。

ドルドレヒトで行われた反乱都市の集会は、オラニエ家のウィレムを「総督」に選んだが、これは彼が依然として形式的には国王の権威を代表していることを意味した。こうすることで、国王はネーデルラント一七邦に対し無論善意であるものの、ブリュッセルにおける国王の代理人達が誤った報告をして、結果として国王に悪い政策を支持させたのだという虚構を彼らは維持しようとしたのである。実際叛徒には（結局そうすることとなるものの）、当初国王への忠誠を撤回する意図はなかった。彼らは自分達の権利や特権が確認されることと、今後はオランダの利益をスペインの政策に従属させないことを要求したに過ぎなかった。当時作られた人気のある

デン・ブリールの町の征服者として描かれた。「海乞食」の一人、ルメイ卿ウィレム・ファン・デル・マルク（1572年）

1572年7月にルールモントの町を包囲するオラニエ家のウィレムを描く版画。作者不詳　〈ルールモント市公文書館〉

戦闘歌であった「ヴィルヘルムス・ファン・ナッソウエ」（二〇世紀になってようやくオランダ国歌の地位に昇格した）には、「私は常にスペイン国王に忠誠を誓ってきた」というウィレム自身の言葉がある。

しかし、反乱が始まったことはほとんど否定できなかった。事実、反乱はホラントから他の州に広がった。フリースラントとヘルダーラントの一部はオラニエ公の側が手に入れた。しかし、一五七二年八月二四日パリで聖バルテルミの前夜の虐殺により、無数のユグノーがカトリックの同国人に裏切られ、殺害されたが、これによりフランスからの支援に終止符が打たれた。フランスからの資金的支援がなくなり、オラニエ公は再び軍の解散を余儀なくされた。彼は、最初に彼を支持したホラントに撤退した。

## 一五七三、一五七四年：アルクマールとライデンの解放

アルバ侯は軍隊を派遣し、反乱した都市のいくつかを略奪することで報復した。スペイン軍はアル

クマールを包囲したが、これまで幾度もオランダ人の敵となった水が今度は叛徒を救い、スペイン軍は退却せざるを得なかった。叛徒は堤防を切って町を取り巻く土地を水で浸した。これによりスペイン軍は撤退を余儀なくされた。この事件は一五七三年一〇月八日に起きたが、今もこれは反乱の最初の勝利として祝われている。

しかし、小競り合いが続いた。一年後、一五七四年一〇月三日にライデンは叛徒が押さえ、保持した。喜ばしいことに一五七五年、北ネーデルラント最初の大学がプロテスタントの牧師を育成する目的でここに設立された。この間、オラニエ公は正式にカルヴァン派の教会に加わっていた。さらに、すくなくともホラントでは流れが変わり、州身分制会議が今度はローマ・カトリックの信仰を完全に禁ずるまでになったが、これが叛徒の主張に同情的であったローマ・カトリック教徒を恐れさせることは避けられなかった。

## 一五七六年：ヘントの和約

一五七三年にアルバ公が去った後、執政に任じられたドン・ルイス・デ・レケセンスはブレダの会議で反乱したホラントと合意に達しようとしたが、果たせなかった。一五七六年彼は突如死去したが、その後、暫く給与を支払われていなかったスペイン軍は豊かなブラバントとフランドルに進攻した。彼らは、農村を略奪し、襲撃し、都市に脅威を与えて、人々に暴虐を働いた。王家、スペイン当局の存在が暫時空白となったので、いまや国務評議会が国政を司ることになった。国王に挑戦して全州身分制会議がヘントで開催され、そこで相争う各州の間で和約が署名された。

ネーデルラントの摂政（1576–1578）であったオーストリアのドン・ファン（1547–1578）の肖像画。作者不詳 〈RMA〉

「ヘントの和約」において一七邦は「スペインの凶暴」を終わらせるべく協力することを誓約した。このように、オランダはスペイン流の政治、残忍と見られたスペインのやり方に対して団結したが、これはオーストリアのドン・ファンという新たな執政の着任にあっても継続した。しかし、宗教上の相違の拡大について決定的な解決はなんら見出されなかった。確かに、ヘントの合意の一部は、プロテスタントまたは「異端」の迫害を中止する一方で、ホラントとゼーラント以外ではカトリック教徒はそのまま平和裏に残されることとなっていた。かくして、ある歴史家達によればオラニエ家が常に抱いてきたとされる、宗教的寛容の理想が部分的であれ達成されたかに思われた。しかし、各国がどの程度実際に宗教間の平等を認める意思があるのかは不明であったが、ほどなくむしろ、これは実に極めて明瞭になった。

## 一五七九年：アラス同盟とユトレヒト同盟

この間、反乱はいまや南ネーデルラントでも地歩を得ていた。オラニエ家のウィレムはブリュッセルに凱旋さえした。しかし、多くの貴族はカルヴィニズムの台頭に抵抗し、モンティニーの下で力を合わせた。彼らは一五七九年一月六日にアラス同盟（またはアトレヒト同盟）を結んだ。実際には、これはフェリペ国王およびローマ・カトリック教会に対する忠誠の宣誓であった。これに反発して、一五七九年一月二三日ユトレヒト同盟が宣言された。これはスペインに対する闘争を継続することを目的とした多くの北部諸州の間の協約であった。これはホラント、ゼーラント、ユトレヒトとフローニンゲンの諸農村部によって署名された。ウィレムの弟でナッサウ伯のヤンはヘルダーラントを代表して署名した。しかし、ヘルダーラントの町のズトフェンが参加したのはいくらか逡巡した後にすぎなかった。その後、ドレンテ地域とオーファーアイセル地域も同盟に参加した。参加国は〃恒久的〃同盟に、また〃あたかも一体であるかのように〃、結束して留まるとされる一方で、各州はそれぞれが歴史的に獲得した諸権利を保持することが合意された。宣戦または講和のような重要な決定と税制の導入は全会一致の場合にのみ有効であった。今後は宗教的迫害があってはならないことが了解されたが、宗教的事項に関しては、各州が独自に決定する権利を持った。

## 一五八一年：国王廃位令：北ネーデルラント七州がスペインからの独立を宣言

主として弟のヤンの進めてきたものであったが、ユトレヒト同盟を支持したオラニエ公は、一五八〇年フェリペによって正式に犯罪者とされた。その結果、彼は北部七州の身分制会議に対し他の国王を立てるよう助言し、フランス王の兄のアンジュー侯を提案した。彼も、他の叛徒も欧州のほとんど全ての国でそうであったように、君主抜きの国、この場合は君主抜きの連邦国家というものを想定できなかったのである。さらに、オラニエ公はアンジュー侯を選ぶことにより、ふたたびスペインに対抗してフランスの支持を取り付けることを望んでいた。しかしながら、ホラントとゼーラントについ

ては自ら権力の座に留まることを宣言しており、最終的な結果がどうなるかについてはそれほど確信を持っていなかった

PLACCAERT
Vande Statẽ generael
vande ghevnieerde Nederlanden:
BYDEN WELCKEN, MIDTS
DEN REDENEN IN'T LANGE IN'T SELFDE
begrepen, men verclaert den Coninck van Spaegnien vervallen vande Ouerheyt ende Heerſchappije van deſe voorſ. Nederlanden, ende verbiet ſijnen naem ende zeghel inde ſelue Landen meer te ghebruycken, &c.
SCRVTA- MINI.
TOT LEYDEN,
By Charles Silvius / gheſworen Drucker der Staten ſlandts van Hollandt.
M. D. LXXXI.
Met privilegie voor twee jaren.

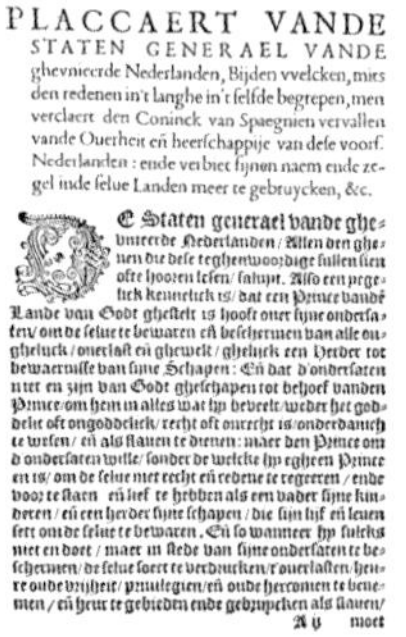
PLACCAERT VANDE STATEN GENERAEL VANDE ghevnieerde Nederlanden, Bijden vvelcken, mits den redenen in't langhe in't ſelfde begrepen, men verclaert den Coninck van Spaegnien vervallen vande Ouerheit eñ heerſchappije van deſe voorſ. Nederlanden : ende verbiet ſijnen naem ende zegel inde ſelue Landen meer te gebruycken, &c.

DE Staten generael vande gheunieerde Nederlanden / Allen den ghenen die deſe teghenwoordige ſullen ſien ofte hooren leſen / ſaluyt. Also een yegelick kennelick is / dat een Prince vandẽ Lande van Godt ghestelt is hooft over ſijne ondersaten / om de ſelue te bewaren eñ beſchermen van alle onghelück / overlaſt eñ ghewelt / ghelijck een Herder tot bewaernisse van ſijne Schapen : Eñ dat d'ondersaten niet en zijn van Godt gheschapen tot behoef vanden Prince / om hem in alles wat hy beveelt / weder het goddelic oft ongoddelick / recht oft onrecht is / onderdanich te weſen / eñ als ſlaven te dienen : maer den Prince om d'ondersaten wille / ſonder de welcke hy egheen Prince en is / om de ſelue met recht eñ redene te regeeren / ende voor te ſtaen eñ lief te hebben als een vader ſijne kinderen / eñ een herder ſijne ſchapen / die ſijn lijf eñ leuen ſett om de ſelue te bewaren. Eñ ſo wanneer hy ſulcks niet en doet / maer in ſtede van ſijne ondersaten te beschermen / de ſelue ſoeckt te verdrucken / t'overlaſten / hare oude vrijheit / privilegien / eñ oude herkomen te benemen / eñ heur te gebieden ende gebruycken als ſlaven /
A ij moet

北ネーデルラントとフェリペ2世の間の絆を断った「国王廃位令」の題扉と第一頁、1581年ライデンで印刷

ものとも思われる。

この主権移譲に自然に続いたのが一五八一年七月二二日の国王廃位令であった。この法令で、ハーグに集まった北ネーデルラント七州の連邦議会はフェリペ二世への忠誠を正式に撤回した。アンジュー侯の任命はほどなく象徴的な行為にすぎなかったことが判明した。実際、統治はオラニエ家のウィレムと反乱側の連邦議会の手中にあった。各国または各州は、主権を保持したまま、いまや貴族と都市のブルジョワから選ばれた機関である各州の州議会によって統治されることとなった。

## 一五八四年：オレニエ家のウィレムの暗殺

一五八四年七月一〇日ウィレム公はデルフトにおいてバルタザール・ジェラールという男に暗殺された。五一歳であった。その弾痕は元修道院で彼が主たる居館として使っていた「プリンセンホフ」に今も見られる。オランダの反乱は今や自然な指導者を失った。これはユトレヒト同盟に結集した諸州に一層固く団結すべきことを教えたのであろう。とりあえず、連邦議会は国務評議会を連邦の中央

政府に委ねることを決めた。ウィレムの次男で一七歳のマウリッツ公はその構成員となった。

フリースラントではウィレムの弟の息子のひとりであるナッサウ伯のヤンが新たに総督に選ばれた。

この間ずっと、個人としての国王なしでも国家を十分運営できるという考えがオランダの主要な政治家の頭に浮かんだことは無かった。このために、アンジュー侯の死に当たって主権移譲をまずフランス王に申し出て、断られ、その後、スペインと独自に戦争をしている英国のエリザベス女王にこれを申し出た。しかし、彼女は総督の地位にふさわしい者を送り込むことを約しただけであった。その選択は彼女のお気に入りであったレスター伯に下され、彼は一五八六年に任命された。二年のオランダ滞在期間における彼の高圧的な態度は新たな指導者たちに良い印象を与えることは無く、若く野心的なマウリッツ公にはなおさらであった。レスターはほどなく英国に戻る他ないと考えた。

　レスター伯が去った後、芽を出したばかりの連邦の将来はかつてなく暗く見えた。一五八八年八月スペイ

左：1584年ウィレムが暗殺者の銃弾に倒れた階段

右：デルフト新教会にあるオラニエ家のウィレムの墓（1623年）。この下の地下室にはオラニエ・ナッサウ家の家族の大半が埋葬されてきた

ンの大艦隊、フェリペ王が「無敵」と考えた艦隊が、反乱を最終的に片付け、また英国に教訓を与えるべくオランダを目指して航行していた。反乱諸州には幸いなことに、この艦隊は英国の沿岸沖で敗れ去り、残余の船もほぼ完全に嵐によって破壊された。

# 14.「七州連邦共和国」独立への道

## マウリッツ公とヨハン・ファン・オルデンバルネフェルト

「とりあえず」独立した北ネーデルラント七州の連邦が恒久的な国家として生き残ったのは、主にマウリッツ公とヨハン・ファン・オルデンバルネフェルトという新たに現れた二人の立役者の努力に負うところが大きい。オルデンバルネフェルト（一五四七―一六一九年）はホラントの大法務官（法律顧問）であり、ホラントのために決議に署名する権限を有し、事実上小国家ホラントの主たる政策決定者であった。ウィレム沈黙公の死後直ぐに、彼はマウリッツ公を総督に選ぶようホラント州議会を説得した。同公が代理すべき人物たるスペインのフェリペ国王はそれ以前に正式に廃位されていたので、総督とはいよいよ奇妙な仕組みとなった。実際、これについては現実の主権者、しかし集団であって個人名のない主権者である州議会そのものの権威をマウリッツがともかくも人格化し、体現するという虚構が通用していたものと考えねばならないであろう。

オラニエ公ナッサウ家のマウリッツ（1567−1625）の肖像画。作者不詳〈RMA〉

　この変則性は、一方では北ネーデルラントが七つの小

ヨハン・ファン・オルデンバルネフェルト大法務官（1547－1619）。17世紀の初めの数十年間オランダ共和国を事実上支配した〈ファン・ストルク・コレクション〉

さな州の連合体であるという認識が育っていたことを示している。これは国際的な用語でいまや「オランダ七州連邦共和国」と呼ばれるようになっていたが、七つの個別の小国に対処することはヨーロッパの政治・外交界の能力を超えるものであったからである。他方、これら七州の連邦は、真の君主的権威や権力を持っていなくても、君主に似て多くの任務を果たす者をやはり必要としていた。共和国の創始者としてますます尊敬を集めていたウィレム寡黙公の息子以上に誰がこれをうまく果たせたであろうか？　しかも、マウリッツ公は非常に有能な軍事指導者であることが証明され、スペインとの戦争状態が継続する中で、彼が軍事指導者として新しい共和国の兵士を指揮することが大いに必要とされた。彼はほどなく共和国軍全体の最高司令官の任に就いた。フリースラントの総督として父親の後を継いだ従兄のウィレム・ローデヴェイクに支援されて、彼は戦役が継続するなかで多くの戦いに勝利した。

一五九五年連邦議会が軍に支払う資金を欠いたとき、マウリッツ公の軍事的前進は停まった。しかし、一五九六年仏英両国は、自らの政治的な事情から、ついに連邦を支持し、またこれを国際舞台に立ちうる独立の連邦として承認する用意さえ示した。同年六月ファン・オルデンバルネフェルトは、三国同盟により北ネーデルラント七州をフランス、英国と結びつけることに成功した。

## 一二年間の休戦（一六〇九―一六二一年）

フェリペ二世は一五九八年の死去の年に、娘のイザベラが新たな総督で彼女の従兄であるオーストリア大侯のアルブレヒトと結婚するに際して、以前のネーデルラント一七邦のうち王に忠誠を示していた邦々をイザベラに贈った。スペインでは対ネーデルラント政策の変更を求める機運が高まっていた。マドリッドの政府は、絶えることなく続き、高くつく毎年の戦役を賄う財源が完全に不足していることを認識し始めていた。特に、このためにした借金の利子が国庫を麻痺させせつつあった。

離脱した北部の諸州においては、スペインの取り扱いについて二つの動向が徐々に明確になってきた。ひとつは、いまやほぼ南ネーデルラント諸邦（「ベルギー」という言葉も既に存在してはいた）と呼ばれていた残りのネーデルラント一〇州を反乱側に引き入れる努力を続ける、もうひとつは現状に満足する、というものであった。

マウリッツ公は明確に第一のグループを率いていた。確かに、彼には戦争の継続を欲する、自らの、自己本位ともいえる事情があった。彼は総督として任命された五州に仕える身にすぎなかった。（他の二州は彼の従兄を選んだ。）実権のある地位は連邦の最高司令官の地位であった。戦争がなければ彼の肩書は意味を失い、同公は権力の多くとあわせて、任命権の多くを失うこととなった。彼には気に入った者を軍隊の指揮官に任ずる権限があったのである。

オルデンバルネフェルトはオランダにはスペインとの和平が是非とも必要であると言う者達を率いていた。この点で、彼はホラントの大半の都市当局の立場を代表していた。これらの「都市貴族」は通常主な商家の出であった。彼らは、戦争は財政問題を大きくするばかりであると感じていた。また、彼らは南部の諸州、特に富裕な交易都市があるフランドルとの同盟に何ら利益を見出さなかった。北部では交易と工業は栄え始めたばかりであったが、これは、ひとつにはアムステルダムの最大の競争相手であったアントワープの生命線であるスヘルデ河が封鎖されたため、南部の交易と工業が衰退した結果であった。なんらかの平和条約を結ぶとしても、この状況を継続することがその基本条件である必要があった。しかし、自分たちに好況をもたらした戦争を支持する商人もいた。さらに、プロテスタントの教会の牧師のような者のみならず、商人や一般人であっても、熱狂的なカルヴィニストは、カトリックの南部においてカトリックのスペインに対して闘争を継続することを支持した。彼らにとって、ローマ・カトリック、あるいはカトリック制度そのものは悪魔の所業であった。

一六〇九年オルデンバルネフェルトはイザベラとアルブレヒトとの間で一二年間の休戦条約を締結することに成功したが、これは明らかにマウリッツ公の望むところではなかった。この期間、ヨーロッパにおいて、また、やはり両陣営が争っていた海外、即ちアメリカとアジア（または東インド）においても敵対行為は許されず、現状を維持する必要があった。フェリペ三世に代わって、アルブレヒトとイザベラは、少なくとも休戦期間中は共和国の主権をスペインが承認することにも同意した。

## アルミニウス派とホマルス派

一二年間の休戦の初めにマウリッツ公とヤン・ファン・オルデンバルネフェルトの間にあった政治的見解の対立は、カルヴァン派の共同体内部の宗教上の相違によって更に悪化した。一六〇三年にアルミニウスというプロテスタントの牧師がライデンの神学教授に任命されていた。彼はよく議論の対象となった予定説について特に自由な見解をとっていた。予定説はカルヴァン派の教義の基礎で、救済に与る者とそうでない者は神によって予め定められているという教理である。彼がこの重要問題について、同じくライデンの教授であったホマルスと紛争を起こすのに時間はかからなかった。ホマルスは、この問題について反対の意見を同様に強く持っていた。両神学者はすぐに同僚の牧師や信者の間に自らの支持者を見出した。アルミニウスの死の一年後、一六一〇年に彼の支持者の一人が予定説に対する「抗議書」を連邦議会に提出した。これは奇妙な行動に思えるかもしれないが、カルヴィン派の教会にはこのような教義上の諸問題について拘束力のある決定を下す教会の最高当局が当時も今も存在しないことを忘れてはならない。これに対し、一六一一年ホマルス派から答弁書の形で対応がなされた。

ヤコブス・アルミニウス（1559–1609）

フランシスクス・ホマルス（1563–1641）

七州の宗教的相違を懸念した連邦議会は両派が会合して話し合うことを命じた。しかし、和解はならなかった。その後数年にわたって、オルデンバルネフェルトが寛容な抗議書派（穏健派）を支持し、マウリッツ公が答弁書派（忠実な正統派）の側に就くことにより、紛争は深まった。抗議書派は宗教上の問題についても現世の政府に最高の権力を認める立場であったため、ホラント州議会は安心して、オルデンバルネフェルトと抗議書派の側に立った。しかし、この立場はホラント内の他の都市からの政治的独立を示すため正統派に留まったアムステルダムの市議会にとって都合の良いものではなかった。

## ドルドレヒトの宗教会議　一六一八―一六一九年

オルデンバルネフェルトは大きな政治社会的不安定を避けるために、世俗の政府が宗教問題について最終的発言権を持つべきであるとの考えを強めた。その結果、一六一七年にホラント州議会は「厳格決議」を採択し、この問題について全国宗教会議を開催することを拒否した。他の六州は連邦におけるホラントの経済政治的優位の増大に不安を強めており、彼らが声を上げる口実としてこの宗教問題が使われることを恐れたのである。仮に他の六州がこの点でまとまれば、ホラントを彼らの政治的意思に従わせ続ける怖れがあった。

また、ファン・オルデンバルネフェルトは、ホラントの各都市の議会に対し暴徒に対処するため傭兵隊を雇うよう勧告した。この傭兵隊はマウリッツ公の率いる正規軍に代わるものであったので、彼はオルデンバルネフェルトの勧告を最高司令官としての彼の権威に対する直接の攻撃と見做した。これが同公の意思に反してスペインとの休戦条約を結んだ一〇年前に大きくなり始めた両者間の不信感を強めさせた。

連邦議会の各州の多数派が高圧的なホラント州に対抗してマウリッツ公の側についたのは意外なものではなかった。一六一八年結局全国宗教会議の開催が決定し、これはドルドレヒトで開催された。抗議書派の教義は弾劾され、カルヴァン派の正統教義はすべての者が信奉すべき公式なものとなった。神学的真実に明確な基礎を与えるため、聖書の新訳も命ぜられた。これは一六三七年に完成し、「公認聖書」と呼ばれた。二〇世紀に入ってもかなりの間、多くのオランダ人プロテスタントにとって、これは神の言葉の唯一真正のオランダ語版であることを意味した。多くの子供にとって、これは適正なオランダ語を習う教科書であった。これが人間と社会についての強く聖書的な見方を彼らに染み込ませることも避けがたかった。

暫くの間、抗議書派の説教師は隠れて闘いを続けた。しかし、一六三〇年までにはすでに、従前同様に彼らの集会は許さ

ドルドレヒトの宗教会議、北ネーデルラントの改革派教会の代表者が宗教的な統一を回復しようと努めた〈ファン・ストルク・コレクション〉

ハーグのかつてのホラント伯の宮殿から馬で繰り出すマウリッツ公とその異母弟フレデリック・ヘンドリック公、1627年。〈RMA〉

れるようになった。多くの都市貴族は、特にホラントにおいて、世俗政府の権力を嫌い一種の神政政治を好むように思えた狂信的な反抗議書派よりも、寛容な抗議書派の方を好んでいた。更に、寛容は多くの者にとって道徳的に好ましいだけでなく、より開放的な社会も作り上げた。これは、特に商人にとって商業的な機会に満ちた社会を意味したのである。

## ヨハン・ファン・オルデンバルネフェルトの処刑

この間、マウリッツ公はホラントのいくつかの都市において強圧的な行動を取り、オルデンバルネフェルトや抗議書派に味方した都市の支配層を入れ替えた。連邦議会は彼の行動を容認し、一六一八年には彼に全権を与えさえした。そして、彼は、オルデンバルネフェルトとその一党の収監を命じた。

これに続くこの大法務官の裁判は法的な公正さからかけ離れたものであり、その後一六一九年五月に彼は処刑された。ある意味で、この時期は新興の共和国で拡大した政治的宗教的な相違が頂点に達したことを示している。オルデンバルネフェルトは、七一歳にして、その政策の故に、またその政策が守られるよう努力したために有罪とされた。彼は総督と連邦議会の権力は、個別の州の独立性、特に他州を支配しかねないほど強力なホラントの独立性に優先すべきであるとする、多くの者（当然マウリッツ公を含む）の願望の犠牲となったのである。

オラニエ公ナッサウ家のフレデリック・ヘンドリック（1584－1647）の肖像画、作者不詳 〈RMA〉

オルデンバルネフェルトが斬首された後、数年間、マウリッツ公は公式にではないものの、紛れもない共和国の支配者となった。一六二〇年彼はドレンテ地域を含むフローニンゲンの総督ともなった。その結果、一六二一年に停戦協定が終了したとき、彼はスペイン領の南部諸州で戦争を改めて継続することができ、ついに辺境都市のベルヘン・オプ・ゾームを包囲から救い出した。

マウリッツ公が一六二五年に死去した際、ウィレム沈黙公のもう一人の息子である異母弟のフレデリック・ヘンドリックが後を継ぎ、彼は七州のうち五州の総督となった。フローニンゲンは今回、既にフリースラントの総督となっていた彼の従兄のエルンスト・カシミールを選んだ。

マウリッツ同様、フレデリック・ヘンドリックは多くの対スペイン軍事行動の成功を主導し続けた。彼はデン・ボス、フェンロー、ルールモント、マーストリヒト、ブレダ、サス・ファン・ヘント、フルストの都市を共和国のために獲得し、「都市の征服者」の愛称を得ることになった。こうして、これまでスペイン王に忠誠を誓ってきたブラバントとリンブルフの一部がいまや共和国の領土に強制的に追加された。しかし、住民はローマ・カトリックのままであった。ほどなくこれが問題となったが、これは、北部の人々がこれらの新たな市民が法王に忠実であり、恐らくはスペイン王にも忠実であろうから、心からは信頼できないと感じたためである。その結果、これら二州はオランダ共和国の中で完全な政治的権利は与えられなかった。

海上では、マールテン・トロンプ提督が一六三九年に英国の領海でスペインの二つ目の艦隊を打ち破り、決定的な勝利が得られた。それでも、北部の七州連邦は国王派の南ネーデルラント諸邦に対して明白な勝利を得ることはできず、一方スペイン軍も反乱州を制圧することはできずにいた。

# 15. 一六四八年：ミュンスターの講和——八十年戦争の終焉

何度も始めては躓いたのち、一六四〇年遂にスペインとオランダ共和国との新たな休戦のための交渉が開始された。ホラント、特にアムステルダムでは、有力な政治家は戦争の継続が交易の利益を損なうことを認識し始め、他州もまた戦争に疲れていた。共和国はすでに巨大な債務を積み重ね、これが人々に重くのしかかっていたためである。スペインも国庫の払底に直面していた。しかし、明確な和平を求める州もあるなかで、全州が休戦に合意したのは、ようやく一六四六年になってからであった。この間、七つのほぼ完全に自律した州から成る連邦の意思決定の複雑さが誰の目にも明らかになった。

フランス、スペイン、ドイツ皇帝の代表者達がドイツの町のミュンスターに既に集まっていたところに、一六四九年連邦議会の代表団が到着した。連邦共和国の主権の承認、オランダ商人のスペイン領東西インド（すなわちアジアとアメリカ）との交易の自由といった複雑な問題について更に二年間の交渉が必要であった。オランダ商人は戦争中現地に入り込み、商業的利益を大きく拡大することに成功していた。また、法王から言われてスペイン側があまり気乗りしない様子で主張したに過ぎなかったものであるが、共和国におけるローマ・カトリック教徒の信仰の自由も和平交渉の要求項目にあった。しかし、これは受け入れられなかった。これは、その後二百年ほどの期間、オランダの人口のほぼ半数が隠れて礼拝せざるを得なくなること、また、その他の点でも二級市民として取扱われるようになることを意味した。

　ミュンスター条約は一六四八年に最終的に署名された。その最も重要な点はスペイン王がオランダ連邦を自由で主権を有する国家として承認したことであった。この主権は、九世紀、一〇世紀以来、たとえ名目的なものだけにせよオランダ東部の諸州の最高権威であった神聖ローマ帝国皇帝によっても承認された。

　もう一つの重要条項は、東西インドのうち一五九八年から一六四八年の間に共和国が征服した地域との交易からいまやスペイン人を排除したことであった。オランダ商人の利益にとり不可欠であったのはスヘルデ川を商業海運に閉ざしたままとするとの決定であった。これでアントワープはもはや競争相手でなくなったので、アムステルダムが引き続きオランダの主要な国際港としての地位を占めることが確実になった。明らかに、このような状況で北部の人々が、南部、特にスペイン領ブラバントおよびフランドルの従前の「兄弟」達から好ましく思われるはずはなかった。南部の人々自身、オランダというひとつの国に属しているとは感じていなかったとしても、北部と言語を確かに共にしていたにも関わらず、合法的な国王と祖先の信仰に忠実であり続けたために罰せられた敵と同様に取り扱われていると今や感じるようになった。

　それでも、ミュンスターの講和はスペインとの八十年戦争の終了を印すものであった。それは一五七九年に反乱州がユトレヒト同盟に初めて加わった時以来生起した状況を公式に確認するものであった。

## オランダ連邦共和国の政治構造

いまや正式に独立した北部の諸州が、複雑ではあるが良く組織された行政機構を作り上げたのは、オルデンバルネフェルトの努力に負うところが大きい。主権は七州の州議会のそれぞれに存した。しかし、ユトレヒト同盟によれば、「戦争と講和」、すなわち、外交に影響する諸問題は、連邦を代表する機関である連邦議会への彼らの代表が決定することとなっていた。この決定は全会一致でなければならないことが問題を複雑にした。七つの独立した州それぞれで、同じくほぼ独立していた都市が州議会の会合で大きな重みを持った。都市は「フルッツハップ」すなわち「長老」たちからなる都市参事会により統治され、彼らは市庁の役人を任命した。都市参事会の構成員は大半が都市のエリートから選ばれ、空席が生じた時にはあらたな構成員を互選した。これによりほどなく寡頭的政体が生まれた。大半の都市では少数の都市貴族が政治と経済の基調を決定した。大半の州の農村地域では、権力は土地を所有する家門にあるのが通常であったが、彼らの大半は貴族であった。定期的に開催される州議会への代表を彼らの中から任命し、都市部の代表とともに彼らは州議会を支配した。

オラニエ公ナッサウ家のウィレム2世（14歳）とその花嫁、英国のメアリー・スチュアート王女（9歳）。アントン・ファン・ダイク画、1641年

連邦議会で投票する権利を持つ七州とは、ホラント、ゼーラント、ユトレヒト、フリースラント、

ヘラルト・テル・ボルフ画の有名な1648年5月15日のミュンスター市庁舎におけるミュンスター条約の批准 〈RMA〉

フローニンゲン、オーファーアイセル、ヘルダーラントであり、ドレンテはより制限された州主権を有していた。オランダ領ブラバント、フランドル、リンブルフは直轄領と呼ばれ、更に違った地位を与えられた。これらの州は、独自の州議会に統治されるのでなく、みずからの代表者のいない連邦議会によって直接統治された。これはもちろん、これらの州が一五八〇年から一六四〇年頃までの戦役の間にブリュッセルのスペイン政府から獲得したものであることの結果であった。事実、これらの州は戦利品と考えられ、更に悪いことにそのように取り扱われた。もう一つには、カトリックの信者が優勢であったことがあげられる。多くの人々が長い期間にわたり北部の諸州との連合を強制されたことを憤っていたのは驚きではない。せいぜい二級市民にすぎないとの感覚、更には新しい支配者に経済的財政的に搾取されているとの感覚によって、彼らの間に共和国国民としての意識が育つことはなかった。北部のプロテスタントは、彼らは彼らで、これら「南部の法王派」がいずれ自分たちを裏切ることを恐れていた。

# 16. 黄金期の経済：世界貿易の中心としてのオランダ共和国

一五八〇年以降ホラントとゼーラントは経済的に繁栄した。これはひとつには一五八五年のアントワープの陥落後、南方から有力な、あるいは少なくとも生産的な難民が流入したことに負っている。やがて、アムステルダムとミデルブルフが、従前は西ヨーロッパ最大の貿易センターであったアントワープの役割に取って代わった。ホラントが一八世紀に入ってもなお暫くスヘルデ川を海運に閉ざしたままにしたことは驚くに当たらない。

一七世紀はじめの数十年間アムステルダムを軸として、共和国のこの二つの沿海州が世界貿易の中心となった。いくつかの要因がこの状況に寄与した。第一に、漁業と国際貿易の成功である。両産業ともその関連産業が、これに先立つ数世紀の間に成長し始めていた。第二に、保護主義的な経済政策がなかったことであるが、これは、真の中央政府がなかったことによる。他の大半のヨーロッパ諸国がそうであったように、中央政府は経済に指示を与えようとしがちである。このような政策は七つの自律的な州には相応しいものではなかった。また、ホラントとゼーラントの政府の法律を制定する主導的な立場の商人たちが、自らの貿易を促進するような対外政策を実施することは実に自然なことでもあった。更に、共和国はよく機能するインフラストラクチュアと、少なくとも都市においては世界最高水準の識字率を生んだ教育制度を整備した。両要因とも経済成長にとり明らかに望ましいものであった。最後に、もうひとつ重要なこととして、大量の天然の燃料、特に泥炭の存在が経済を支えた。

ただし、「内陸州」である他の五つの州では経済は概して農業中心のままであった。その結果、これらの州が一七世紀の間に沿岸州が獲得した豊かさを享受することは無かった。これは七州共通の政策を賄うために課される税金に反映し、ホラントだけで税額全体の五八%を支払っていた。

ブラバントとリンブルフという二つの大きな連邦議会直轄州の経済状況も概して農業的であったが、連邦議会が必ずしも常に両州の利益のために行動しなかったこともあり、確実に悪化して行った。以前は繁栄していたにもかかわらず、このような政策により今や富を失うに至った都市のひとつに、フレデリック・ヘンドリックが一六二九年に征服したデン・ボスがある。

## バルト海、ジブラルタル海峡、イングランドとの貿易

既に中世には、オランダはバルト海との貿易に参加していた。一六世紀後半までにアムステルダムは穀物貿易のヨーロッパにおける中心となった。これが次々に他のあらゆる商品に関する海運業につながった。南ヨーロッパの塩、ワイン、香料が、また、鰊と毛織物が、バルト海の港に運ばれた。帰りの便でスウェーデンの銅が武器産業に原料を供給するため持ち帰られた。オランダの貿易商人はロシアまで航海し、大量の毛皮と獣皮とともに、少量で利益の上がるキャビアと宝石類を買った。オランダの商船隊はバルト海貿易で大変活動的であり、一六五〇年以前にデンマークのズント海峡の税関を通る船の半分近くはオランダの所有であった。ホラントとゼーラントはバルト海との貿易を正しくその商業の富の「母」であると認識していた。

加えて、いわゆる「海峡航行」、すなわちジブラルタル海峡を通ずる南欧との貿易もまた繁栄した。

上述の商品の多くがその地域で買い付けられたが、南欧は穀物のようなオランダの輸出品にとっても重要であった。一五八〇年代および一五九〇年代に、フェリペ二世がスペインとポルトガルの港をオランダとの交易に閉ざした後は、海運業は航路を広げ、ジブラルタル海峡を通って、イタリアの港への航路、特にレヴァントへの航路を見出した。そこではペルシアやインドから隊商がもたらしたアジアの生産物が買い付けられ、西欧で売りさばかれた。

オランダの貿易商人は羊毛や毛織物のような英国産品の大陸への輸出にも重要な役割を果たした。他方、彼らは中欧の河川港で鉄と石炭を買い付け、ライン川とオランダ内のその支流を通って北海に船で運んだ。

## 発見の航海、通商の航海

一六世紀はヨーロッパが外の世界と初めて大規模に接触した世紀であったが、オランダはそれまで発見の航海に参加してはいなかった。スペインとポルトガルは大きな植民国家となっていた。両国とも新たな貿易ルートを発見し、征服した地域から最大限の利益を得ようとしていた。例えば、アメリカはスペインにとり金銀の供給源として、また大規模な奴隷制プランテーションにおいて砂糖やタバコを、後には綿を産出する地域として重要であった。一方、ポルトガルはアジアの香料貿易を独占していた。

一五八〇年スペイン国王フェリペ二世は、香料がヨーロッパに入る正門ともいうべきリスボンを獲得したとき、アジア産品の買い付けに常にそこに来ていたオランダ商人をリスボン港から締め出した。

デンマークのズント海峡のクロンボール城付近を航行するオランダの戦艦。1614年ヘンドリック・フローム画 〈RMA〉

オランダ人は、それ以前にもポルトガル人では欧州が必要とする量の香料を輸入することはできないとの思いを強めていたが、この結果、オランダ人はいまや香料を、原産地である極東まで行って自ら手に入れることを真剣に検討することとなった。これにはその後はポルトガルの卸業者によって値段を釣り上げられることがなくなるとの追加的な利点もあった。これを決めた後、米州におけるオランダの活動が拡大した。ひとつには敵のスペインに対して現地で経済戦争を仕掛けるためであり、またひとつには、ポルトガル人とスペイン人により開かれた、アフリカとカリブ海との貿易に参加するためであった。これは奴隷を取り扱うので大きな利益が上がる貿易であった。

当然ながら、スペイン、ポルトガルともアジアや米州への交易ルートの機密に競争相手を入れさせる気はなかった。従って、オランダの冒険が成功したのは主として徹底した準備に負うものであった。また利潤獲得への強い願望を付け加えることもできよう。ひとつの重要な

東インド向けオランダ第2遠征艦隊のアムステルダムへの帰港。1599年ヘンドリック・フローム画 〈RMA〉

要因として作図法の発展が挙げられる。これはオランダでは一六世紀末に極めて高い水準に達していた。上述のネーデルラント南部から逃げ出した進取の気性に富んだ多くの豊かな商人の存在も役割を果たした。即ち、彼らはアジア貿易に従事するスペイン人、ポルトガル人との取引を経験しており、彼らの事業者としての熱意によって、オランダは遠征に乗り出すに際し十分な備えを確実に持っていた。最後に、もうひとつ重要なこととして、スペイン、ポルトガル、インドで一三年間過ごした後、一五九三年にオランダに戻ったヤン・ハイヘン・ファン・リンスホーテンなる人物の旅行記が出版され、これにより重要なデータが豊富に提供され、ポルトガル人が秘匿したかったと思われる大量の情報が開示されたことが挙げられる。

オランダのアジアへの最初の航海の目的は地理的発見それ自体ではなく、アジアへの近道、従って経済的な北東航路、すなわち北極回りの航路を見つけることにあった。この遠征の中でもっとも有名なものは一五

ヤン・ハイヘン・ファン・リンスホーテンのアジア紀行の題扉（1596年）

九六年にヤコプ・ファン・ヘームスケルクとウィレム・バレンツに率いられたものである。これはプロテスタントの牧師で、より重要なことにアムステルダム出身で熟練の地図製作者であったペトルス・プランシウスが提案し、南部からの逃亡者で有力な商人であったバルタザール・ドゥ・ムシェロンが資金を出した遠征である。この遠征隊はノヴァ・ゼンブラで座礁し、現地で冬を越すことを余儀なくされたが、それによりスピッツベルゲン島が発見されたことは一定の重要性を持った。ここがオランダの捕鯨業の中心となったからである。一五九五年から一五九九年にかけて伝統的航路、すなわち喜望峰回りで二つの遠征隊が東南アジアに出港した。このうち二つ目のヤコプ・ファン・ネックに率いられたものは商業的に大成功をおさめた。これに続いて、東インド（極東はこのように呼ばれた）との定期的貿易を進めるべくオランダのいくつかの港で多くの貿易会社が設立された。

## アジアの貿易基地と通商の発展：植民地化？

既にファン・ネックの航海の間には、物資を蓄え、商人や兵士である少数の人々が居住する、小規模で防御可能な囲い地である商館が、現地人との交易の基地としてモルッカ諸島（インドネシアの東の海域に位置するいわゆる香料諸島）にいくつか設けられていた。これらの商館はオランダの通商の発展の最初の形態を表わしていた。スペイン、ポルトガルという一六世紀の大植民国家と異なり、オランダ人はいくつかの地域を征服し、これを治めてそこから利益を得ること、あるいは自国民の入植地としてこれを使うことは考えなかった。事実、オランダの発展は長い間通商に有利な立地を見出すことのみから成っていた。大半の商館は沿岸にあったが、それでもいくつかの商館は次第に周辺の後背地や住民を支配するようになった。とはいえ、一七世紀と一八世紀の大半において、オランダ人は基本的には帝国というよりは、高い収益性のある広大な貿易網を作り上げた。これが真の植民事業に発展したのはようやく一九世紀になってからである。

## 連合東インド会社すなわちV.O.C.の設立

一六世紀の末に設立された無数の小さなオランダの貿易会社は互いに激しく競争しており、継続して成功を確保する唯一の方法は互いに協力することにあった。マウリッツ公とヨハン・ファン・オルデンバルネフェルトは、いまだ後年のような敵対関係にはなく、両者はこのような事業がオランダの商業的繁栄のためのみならず、スペインを弱体化し、戦費を調達する上でも政治的、経済的に重要であることを認識し、協力して各社を統合しようとした。また、一六〇〇年にイギリス東インド会社が設立されたことも協調した行動への動機となった。

17世紀の最も有名な地理書の第6巻の題扉（手作業で彩色されている）。アムステルダムのヨアン・ブラウ社刊

一六〇二年一月に連邦議会の招聘により各社の代表がハーグで会合し、（オランダ）連合東インド会社の設立を決定した。これはいわゆる「十七人会」という重役会議により統治され、二一年間にわたり、オランダのインド、つまりアジアとの全ての貿易を独占する権利を与えられた。こ

オランダ東インド会社のアジア本部であるバタヴィア城。カリ・ブサール川西側からの光景。1656年頃、A．ベークマン画 〈RMA〉

の特許状はその後、東インド会社が一八世紀の末に最終的に倒産するまで、自動的に延長された。

やがて、この新会社は世界的な組織となり、世界初の株式会社とも世界経済史上初の多国籍企業とも呼ばれてきた。しかし、東インド会社の偉業は一般的にオランダの最も有名な商業活動のひとつと考えられているものの、その貢献が共和国の貿易量全体の一〇％を超えることは無かった。配当が時に極めて高額となったことは確かであり、会社の株への投機が割の良いものであったこととあわせて、これが国内外の株主にとって会社の魅力となっていたとは言えよう。アムステルダムの取引所はこの種の取引において重要な役割を果たした。これはヘンドリック・デ・ケイザーによって一六〇八年から一六一一年にかけて、ロンドン取引所の建築様式で建設された。これはやがて欧州の商品及び株の取引所となり、その中心とさえなったが、V.O.C.の株はそのなかで傑出していた。開設の時以来、週ごとに諸種の相場表が印刷され、全欧州に配布された。

東インド会社は軍民双方の要員を全欧州から採用したという意味でも「世界的」であった。事実、ドイツ人とスカンジナビア人は、船上でもアジアの商館でも少数派ではあったが、要員のなかで常にかなりの数に上った。しかし、同社は取引先のアジアの国々からも、大半が軍務であったが、かなりの数の人々を雇った。

## 世界貿易網の結節点：ケープ植民地

一六五二年ヤン・ファン・リベークは、東インド会社の要員用にインドまでの長い旅の中継地とするため、喜望峰に入植地を建設した。アムステルダムからオランダ領東インドの首都のバタヴィアまでの片道の航海は優に三カ月かかることもあったのである。オランダ人は直ぐに喜望峰に入植し、やがてフランスから亡命してきたユグノーも連れて来た。彼らは主として農耕と牧畜を生業とし、通過する船舶に新鮮な食料を提供した。彼らは、また、葡萄栽培も導入し、こうして今では世界のワイン生産で大きな割合を占める南アフリカの基礎を作ったのである。現地人で遊牧民のコイコイ人（またはコイサン人）（欧州人

アムステルダムの東インド会社の中庭、1875年頃　〈RMA〉

からはホッテントットと呼ばれた）は白人の移民の流入を受け入れることを強いられた。しかし、一七世紀の間同じく喜望峰地域に北方から進出してきたアフリカの諸部族とは激しい争いが続いた。

一九世紀になってこの植民地が英国人に征服されると、南アフリカの欧州人には多くの英国人とある程度のドイツ人の移民が加わった。当初から、オランダ人その他の欧州人の移住者は異人種間の交わりに強く反対していた。しかし、これが強力な強制的隔離政策になったのはようやく一九世紀から二〇世紀はじめになってからである。第二次世界大戦後、非西側世界が西側の支配から解放された時、この隔離主義すなわち「アパルトヘイト」は根強い欧州の人種的帝国主義の象徴と化した。これが廃止されたのは、ようやく二〇世紀の最後の一〇年になってからであった。

オランダの農民の子孫である「ボーア人」の言語は、オランダ語から分岐した活力ある言語であり、今日でも独自の質の高い文学を生んでいることが良く知られている。

## 世界貿易網の結節点：インドとスリランカ

一六世紀以降インド亜大陸の南岸はヨーロッパへの胡椒の輸出を独占していたポルトガル人に支配されていた。同じ理由でこれら地域はオランダ人を引き寄せ、彼らは一七世紀の間に大半のポルトガルの商館を征服することができた。彼らはマラバール海岸のコーチンを中心に定めた。彼らはまた、現地の真珠取引に投資し、織物を広く扱った。ベンガルでは、オランダ人は他の欧州諸国の代理人と争いながら極めて有利なアヘン取引を確立した。しかし、彼らは広大なインドの内陸部で支配権を得ることは決してなかった。

シナモン生産の中心であるセイロン島またはスリランカも羨望の領土であった。一七世紀を通じて、オランダ人はポルトガル人をセイロンの海岸にある砦から追放し、また内陸部を支配していたカンディーの王に協力を強いた。コロンボやガレのような海岸部の町はいまでもオランダの支配の痕跡をとどめている。多数のオランダ語の単語を採用したセイロンの言語も同様であり、さらに驚くことにいわゆるオランダ・ローマ法に他のヨーロッパ的諸要素および現地的諸要素を素晴らしく組み合わせた法制度も同様である。

## 世界貿易網の結節点：ジャワと香料諸島

オランダのアジアとの最初の接触はインドネシア列島の東部にある主として少数の島で生産される丁子とナツメグの交易を狙ったものであった。ポルトガル人が最初に現地に入植していたので、オランダ人はこれを追い出す必要に直面した。ある程度実力を行使してではあるものの、彼らはこれに成功した。しかし、他の欧州人同様、オランダ人は大規模なアジア域内貿易に従事するための金銀を欠いていたため、また、インドにおける商館に食糧を供給する手段を見つける必要があったため、ジャワ本島に目を向けた。そこは大量の米を生産するだけでなく、バンタムに東南アジア貿易の伝統的な中心の一つがあった。

ヤン・ピーテルスゾーン・クーン（1587－1629）第3代オランダ東インド総督

　一六一九年、ついに、オランダ人はジャカルタの小国を征服し、そこに要塞を築き、アジア全域のオランダの活動をそこに集

ピーテル・ボト（1550－1615）初代オランダ東インド総督（1609－1614）〈RMA〉

中して管理した。その要塞の周囲に発展した、彼らがバタヴィアと呼んだ町、現在のジャカルタにオランダ東インド総督は居を定めた。総督とその「インド評議会」に対し、インド洋周辺の何十もの商館は毎年報告を行った。バタヴィアは毎年共和国から艦隊が訪問する主要な渡航先であり、艦隊は一七人会からの命令書をもたらし、新たに商人、兵隊、プロテスタントの牧師等々を運んできた。バタヴィアからは高価なアジアの商品を積んだ艦隊が本国に向けて再び旅立った。

ジャワの内陸は一八世紀の初めまで総じて現地支配者の手中にあった。しかしながら、彼らは現地人どうしの戦いにますます東インド会社の支援を求めるようになった。食糧の供給を確保し、商業的利益を守るため、会社は内陸部の政治に巻き込まれ、また、加わり始めた。このようにして、一八世紀の終わりまでには、会社はジャワの海岸部を支配しただけでなく、内陸の領邦にも進出を始めていた。

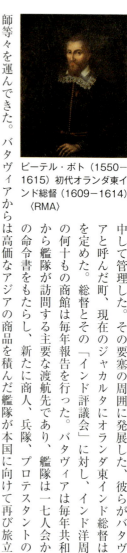

## 世界貿易網の結節点：中国と日本

全ての欧州人にとって「中華帝国」、すなわち中国は磁器、絹、後には茶という大変有利な「中国商品」の貿易の可能性を提供する、大きな商業上の目標であった。彼らはいずれもこれら贅沢品の生産地への出入りを求めたが、中国当局はうまく外国人を排除し続けた。オランダ人も中国大陸に潜入しようとしたが、成功しなかった。しかし、彼らは以前ポルトガル人が占領していた台湾島を占領し、

ピート・ハイン（1577―1629）。オランダ海軍の最も有名な提督のひとり。1628年カリブ海でスペインの銀艦隊を捕獲して、国民的英雄となった

利益の上がる大陸との密貿易を維持することができるようになった。一八世紀になると外国人に当時開放された大商港の広東にもオランダ人は商館を獲得し、茶その他の産物の貿易を行った。

オランダ人は日本ではこれよりはるかに成功した。既に一六〇〇年に最初のオランダ船の「デ・リーフデ」号が日本の港に入った。ほどなく活発な貿易が生まれ、オランダ人に銅、漆器、絹、磁器を与えた。内政の動向により、日本の政府は外国人、特に東インド会社の主な競争相手であるポルトガル人、英国人の追放を決定し、オランダ人のみに残留を許可した。オランダ人は長崎湾内の出島という小島に事実上監禁されていたものの、毎年日本に貿易船を一隻送る許可を得た。また、オランダ人は毎年交易権の延長を交渉するため、将軍のいる都である江戸、今日の東京への旅を強いられた。ほどなく状況は発展し、日本人は欧州の習慣や文化、特に科学を学ぶことにオランダ人を使うまでになり、一方東インド会社の役人は、特に彼らの出版した紀行文を通じて、日本の文化と制度について欧州における主たる情報提供者となった。

## 米州：海賊とオランダ西インド会社（W.I.C.）の設立

喜望峰とインド洋を経由したアジア貿易に加えて、一七世紀の初めにはオランダの海運業は西にも進出した。一六〇九年、V.O.C.のためにインドへの北周りの航路を探していたヘンリー・ハドソン

は北米で彼にちなんで名付けられた湾を発見した。しかし、大西洋を超える西への航海は海賊行為という別の目標を有していた。これは進行中の対スペイン戦争の武器であり、金銀を積んでアメリカを毎年出港する艦隊、すなわち敵国の財政面の心臓部を叩くことを狙っていた。艦隊が無事セヴィリアに到着すれば、その財宝はスペインの欧州とアジアにおける軍事活動を資金面で助けることになった。

しかし、オルデンバルネフェルトは西インド会社をこの特定の目的のために設立することを好まなかった。海賊行為は全欧州で普通に行われており、彼の反対も原則に基づくというわけではなく、むしろ、このように隠れて海賊行為に融資金を提供することが彼の求めるスペインとの和平と相いれないという点にあった。しかし、彼の政敵のマウリッツ公にとって戦争は好都合であったので、彼にはこのようなためらいがなかった。かくして、彼はオランダ西インド会社の計画を支持した。一六二一年オルデンバルネフェルトの処刑直後に同社は遂に設立された。しかし、やがて貿易は同社にとっても主目的となった。これは特に欧州の入植者が開いたプランテーションに労働力を提供するための、アフリカから米州への奴隷の貿易であった。しかし、オルデンバルネフェルトが恐れたように私掠業は長期にわたり横行した。オランダにとって最大の獲物は一六二八年にピート・ハイン提督が捕獲したスペインの銀艦隊である。この事件はオランダで最も人気のある民謡のひとつによって今でも記憶に留められている。

## 世界貿易網の結節点：「ハドソン川のオランダ」とブラジルでの失敗

アジアの場合とは異なり、オランダ人は米州、特に今日でもオランダ王国の一部となっているウィンドワード諸島とブラジルにおいては実際に植民を行った。ブラジルはタバコや砂糖といった嗜好品あるいはブラジル木に対する欧州の増大する需要を賄うため、大変重要であった。約二〇年間にわたりオランダ人はポルトガル人から獲得したレシフェの町周辺のブラジル北東部を領有していた。しかし、最終的には彼らはこの植民地も手放さざるを得なかった。ちなみに、後日一流美術館のひとつになった今日のハーグのマウリッツハウスは、同植民地の最後のオランダ総督であるナッサウ・ジーゲン家のマウリッツ公が蓄えたブラジルの金を用いて建設されたものである。同公はまた数多くのオランダ人学者や芸術家に植民地の諸民族について記述させ、描かせたが、これは自ら記述し、描くことのなかった人々の文化についての貴重な知識の源となった。

一六世紀後半以降スペイン人とポルトガル人に植民地とされなかった北米は欧州の征服者に開かれており、彼らはイベリア半島の人々が中米および南米で富を発見したように、北米で富を発見しようとした。そこで、オランダ人はハドソン川の河口に植民地兼交易所を設け、ここを基地として、川沿いに居住しオランダ人に毛皮や獣皮を提供するインディアンの諸部族と接触を持った。一六二九年以降多くのオランダ人家族は内陸に移り、時に大変広大な入植地すなわち「パトルーンシップ」と呼ばれる大荘園を作った。多数の町や村の名前は、かつてこのような挿話があったことの証拠であり、いくつかのオランダ様式の建築物ももちろん同様である。現在ニューヨークとして知られる大都市でさえ最初はオランダ人によってマンハッタン島に築かれ、適切にもニューアムステルダムと名付けられていた。ここには「壁」（ウォール）があったことから「ウォールストリート」が生まれ、付近の別の村は「ブレーケレン」と呼ばれていたので「ブルックリン」となった、等というわけである。しかし、一六六七年英国人は戦争に勝利したのち、和約の一部としてオランダ人にこの植民地を譲渡させた。

実際には西インド会社はひとつには先の見通しの欠如、またひとつには資本不足のため、この入植地の交易上その他の可能性を十分活用することが無かった。事実、西インド会社は東インド会社ほどの評価を得ることは無かった。

## 世界貿易網の結節点：スリナム

英国人が北米の植民地をまとめ上げるためにニューアムステルダムを要求した時、その代わりに南米の北東沿岸部にあるスリナムを受け入れることにオランダ人が全く熱意を持っていなかった訳ではない。その地域は内陸部にある（大いに想像上のものである）金の埋蔵地への入り口と考えられていた。最初の西インド会社は当時既に破産していたとはいえ、一六七〇年代には改めてスリナムの統治と搾取のために再建され、オランダ人とともに、フランスにおける王室とローマ・カトリック教会の不寛容から逃れて来たプロテスタントのユグノーや、イベリア半島における経済的、宗教的迫害を逃れて来たユダヤ人の難民が入植した。彼らは主として欧州市場向けに砂糖、その他の産物を生産するプランテーションを建設した。土地を耕すために西インド会社は多数の黒人奴隷を西アフリカから輸入した。安定した供給を確保するため、オランダ人はポ

ルトガルおよび英国のような他の欧州諸国に加わって、アフリカの現地商人が売る奴隷を入手した。アフリカ内陸部の商人と取引するため、オランダ人はポルトガル人によってアフリカの西海岸、すなわち「奴隷」海岸に設けられた多数の要塞を攻略した。

## 工業の勃興

一七世紀にはオランダの国際貿易の繁栄は各種工業の勃興を促した。ザーン地域では造船が盛んとなり、綱や帆などを製造し供給する会社も利益を上げた。製糖業のように輸入した原材料や半製品を加工する多数の加工業も貿易が促進した。

これらの貿易関連産業に加えて、市場が急速に成長した結果、また、やはり南部から多くの熟練労働者を含む難民が到着した結果、他の経済部門も繁栄した。ほどなくライデンの織物業は、フランドルの熟練工がもたらした新たな技術に刺激され、毛織物の生産量が高い水準に達した。

この工業の繁栄が評判を呼び、オランダ共和国に接しながら格段に繁栄に恵まれなかったドイツの農村地域から労働者を引きつけた。労働力とその価格が欧州市場におけるオランダの工業の競争力を決定し

熱帯における欧州人の都市生活。オランダの植民地であるスリナムの首都のパラマリボの臨海地区〈ファン・ストルク・コレクション〉

たのは一般的に言って当然であり、税金が増大し、労働価格も上昇するに伴い、一七世紀後半の何十年かの間にこの競争力は衰えた。

ホラントとゼーラントが貿易と工業がもたらした繁栄から最も恩恵を受けた州であったことを認識することは重要である。フリースラントもそれほどではないものの恩恵を受けた。他の州では、農業が主たる収入源のままであった。そこでは貿易と工業は過去何世紀かと同じく低水準のままであって、これが結果として繁栄する沿岸部との対照を着実に目立たせていくことは避けがたかった。

## 大規模な土地の干拓

ホラント北部地域で土地の造成が継続し、増加さえしたのは、貿易と工業から来る繁栄の直接的結果であった。増加する人口が輸入食糧に全面的に頼るのではなく、できれば輸出用の余剰までも生産することを確保するためだけでも、耕地面積を拡大することはいまや特に重要となっていた。一七世紀の間に、有名な詩人であり高級官僚であったヤコプ・カッツや東インド会社の役員のディルク・ファン・オスを始めとする資本家のように、多くの有力な市民が干拓事業に投資した。一六〇八年から一六一〇年にかけてヤン・アドリアンツ・レーグヴァーターが開発した技術と五〇基の風車が提供するエネルギーを基に、ホラント最大の湖のひとつであるベームスター湖が排水された。その後の二五年間に、北部ホラントの他の湿地を排水することにより、三七、〇〇〇エーカーの土地が農業用に造成され「干拓地」となった。

## 停滞か衰退か?

共和国が欧州の貿易、またある程度世界の貿易で支配的地位を占めた期間は一六三〇年から一六五〇年の間に頂点に達した。当時、オランダの商船隊は二五〇〇隻以上から成り、大半は鰊「運搬船」であったものの、少なくとも更に二〇〇〇隻の漁船を有していた。一六五〇年以降極めて緩やかに衰退が萌し、いまだ共和国の繁栄に影響を与えるほどではなかったが、欧州主導の世界経済において紛れもなかったその中心的役割がゆっくりと崩れていった。しかし、この間オランダ西部の諸州の繁栄は、かつてない芸術と科学の開花をもたらしていた。

ベームスター・ポルダーの地図。72平方キロほどの耕地を造成するため1610年に掘られた用水路網を示している

# 17. オランダ黄金時代の文明

## 市民国家としてのオランダ共和国

オランダ共和国は大半の他の欧州諸国と異なり、君主、その随臣の貴族、聖職者によってではなく、ブルジョワのエリートによって支配され統治される政体であり社会であった。続いて起こった市民文化は種々の芸術に特に強い影響を与えた。一五世紀後半、一六世紀初め以降、富裕な市民ははじめに芸術作品の依頼に際して貴族や聖職者と争った。これは主として集団での、通常は建築及び（宗教）絵画の依頼であった。一七世紀までには、芸術の顧客としての貴族や聖職者の役割はほぼ完全にエリート市民に取って代わられた。

## 絵画：風俗画、肖像画、その他

ブルジョワの顧客化が最初にまた最も顕著になったのは絵画であった。ますますプロテスタント化する社会において宗教美術そのものが衰えて行ったことは理解できるものの、ほぼあらゆる分野にわたってオランダ共和国において生み出された上質の絵画の膨大な数に今日でも人々は驚かされる。一七世紀には平凡な平日の市場や祭りで売り出される絵画の膨大な量を前にして、外国からの訪問者はしばしば驚かされた。また、彼らは、一介の職人や農民でさえ実際にこのような絵画を購入し、所有

ヨハンネス・フェルメール画「小径」、1658年頃 〈RMA〉

オラニエ公ナッサウ家のフレデリック・ヘンドリックとその妻ソルムスのアマリア及び3人の娘 ヘラルト・ファン・ホントホルスト画（1647年）〈RMA〉

していることを知り、さらに驚かされた。
このような状況は、必然的に絵画「産業」の発展に決定的な影響力を持った。いまや時として極めて狭い分野に専門化する画家が現れ、また、画題の選択についても同様であった。一七世紀のホラントでは、特に公衆の趣味を満足させるために描かれた多くの風俗画に独自の様式が現れた。主題の扱いは通常道徳的なものであり、これは作家のヤコプ・カッツの精神に沿ったものであった。彼の文学作品は、商売上の洞察力や冷静さと生活上の喜びを思慮深く組み合わせたものであり、敬虔だが芸術を愛する中産階級を大いに引きつけたこともあり、大変人気を呼んだ。このような（主として小さな）絵画を描いた多くの画家のなかで、有名なのはヨハンネス・フェルメール（一六三二―一六七五年）であった。彼は家庭の情景や日常生活の光景を多く用い、時に健全な「ブルジョワ」生活の美徳をも伝えようとした。
肖像画はほぼ同じくらい人気があった。男、女、子供たちを描いた個人の肖像画のみならず、さらに一層印象的な集団の肖像画に落ち着いた様子の男女が描かれた。これは営利会

おそらく最も著名なオランダ絵画である、いわゆる「夜警」。レンブラント・ファン・ライン（1606－1669）により1639年から1642年の間に描かれた。実際にはアムステルダムの市民隊のひとつが行進の用意に入る瞬間を描いている。〈RMA〉

社や、市民団体、慈善団体の数多くの役員会を構成する人たちであった。これらの絵画はその地位についての彼らの誇りと、当然ながら彼らの社会的威信を表現した。このような集団の肖像画を生んだ多くの画家の中では、バルトロメウス・ファン・デル・ヘルスト（一六一三―一六七〇年）とフランス・ハルス（一五八〇―一六六六年）が有名である。これに関連して断然よく知られている絵画は、もちろんフランス・バニング・コック隊長のアムステルダム市民隊によって依頼されたものである。それは一六四二年にレンブラント・ファン・ラインによって描かれたが、まったく成功しなかった。これはロマン主義の一九世紀に「夜警」として知られるようになってはじめて、ようやくオランダの黄金時代の芸術の最も完全な例として認められるようになった。

さらに、風景画が大いに求められ、また船舶や海の情景が求められたが、これらはオランダ人が持っていた海軍の壮挙への誇りをしばしば示すものであった。静物画も人気があった。これには高価な食品を満載し贅沢に飾られた食卓のものも、ほんの少しの果物、野菜その他の食糧品からなる簡素な光景のものもあった。実際にはこの豊かさと節度はいずれも過剰を戒めることを意味していた。

## バロック(宗教)美術

これらの絵画全ては富裕な市民の趣味を満足させたが、一方、貴族やいまや隠れて礼拝するようになっていたカトリック教徒はこれとは異なる取り組みを欲した。彼らのために作られた絵画は、イタリアで発展していた国際的なバロック様式と強く結び付き、世界性のある文化を反映して、内容がより意欲的で、洗練されていた。

一六世紀および一七世紀初期において、この様式で仕事をした画家は通常ユトレヒト派に属したが、聖堂のあるこの町は、宗教改革の後もカトリックを堅く守っていたので、これは驚きには当たらない。オランダのバロック絵画はアントワープから多くの画家がハールレムに移住してきたときに新たな刺激を受けた。彼らはマニエリスムという後期バロック様式で仕事をした。主として聖書の情景を描いたこの種の作品は、しばしば富裕なカトリック教徒が彼らの「秘密の」教会を飾るために依頼したものである。このグループの初期の代表はカレル・ファン・マンデル(一五四八—一六〇六年)であったが、彼は当時のオランダの最も有名な画家の何人かの伝記を含む「画家の本」でも知られている。彩色木版画専門の熟練の版画家ヘンドリック・ホルティウス（一五五八—一六一七年）はこの分野の芸術を広く大衆に普及させるのに貢献した。

ユトレヒト派の画家の絵画はフレデリック・ヘンドリック公の国際的志向の強い宮廷でも必要とされた。一六四七年の彼の死後、寡婦のアマリア・ファン・ソルムスはハーグ郊外に新たに建設された大邸宅の「ハウス・テン・ボス」の丸屋根付きの中央ホールを、一三人の画家の描く一連の壁画と天井画で壮麗に飾ることを決めた。現在国王が住んでいるこの夏の宮殿のいわゆる「オラニエ・ホール」は特にオラニエ家の栄光を示すべく、彼女の亡き夫の生涯のなかの情景を精密に示している。レンブラントもこのバロック様式で宮廷のために画を描いた。彼はまたユトレヒト派以外で宗教画を描いた数少ない画家のひとりであった。弟子であった初期の頃から、聖書は彼の着想の主たる源であった。

ここは一七世紀のオランダ絵画の多様性について、これ以上詳細に説明する場ではないが、ヘラルト・テル・ボルフ（一六一七—一六八一年）は特に言及に値する画家である。それは彼の作品が大半の同僚の作品より何らかの意味で注目に値したからではなく、かれが自ら進んで初期の共和国の歴史における最も重要な事件を不朽のものとしたからである。すなわち、一六四八年の画期的なミュンスター条約の批准の場におけるオランダと各国の外交官の姿を描いたのは彼である。

## 建築と内装：
## ルネッサンス、「オランダ古典主義」、バロック様式

確かに一六世紀の後半になると、いまだ構造的にはゴシックであった建物はその表面をルネッサンス的要素で覆われ始めた。しかし、依然として、イタリアのルネッサンス建築の理想である正しい比率で完璧な空間の広がりを探求することは北方では採用されていなかった。一七世紀には、市民は個人用の建物や、都市、集団用の公共建築物の発注に一層積極的な役割を持つようになり、イタリアからもたらされる流行の様式を求めた。

有名なアムステルダム取引所。ヘンドリック・デ・ケイゼルによって1608年から1611年にかけて建設された〈GAA〉

富裕なアムステルダムがその基調を定めた。人口の急激な増加によって、市の大規模な拡張が必要となった。一六〇〇年までにヘンドリック・デ・ケイゼル（一五六五―一六二一年）は有力なオランダの建築家となっていた。この町に現在も特徴的なイメージを与える（ヘーレンフラフト、ケイゼルスフラフト、プリンセンフラフトと呼ばれる）三つの同心円状の一連の新運河に沿って建造された多くの住居の建設を彼が依頼されたのは当然である。彼や他の建築家の設計した、時として宮殿のようでもあるこれらの住居のいくつかはルネッサンス的特徴を示して

チューリップ用花瓶。中国の明の磁器を真似たデルフト焼き

おり、またあるものは壮麗な古典様式であった。後者には、建築家のヤコプ・フィンクボーンスによって極めて富裕な企業家で貿易商である一家のために設計され、その一族の名を冠した有名な「トリッペンハウス」が含まれる。これらの住居は商人・都市貴族達の富と高級な趣味を反映している。これはアムステルダムやホラントの他の町々のみならず、贅沢さではこれにすこし及ばないにせよ、ゼーラント、ユトレヒト、フローニンゲン、フリースラントの町々でも見ることができる。

これらの人々は集団で、都市のさまざまな公共建築物や教会を発注した。アムステルダムの南教会と西教会がオランダの教会建築のゴシック古典混合様式の最上の部類に入る一方、一七世紀の公共建築の最も美しい成果の一つが現在は宮殿となっているダム広場のアムステルダム市役所であることは確かである。これはヤコプ・ファン・カンペン（一五九五―一六五七年）によって設計されたが、この建築家はオランダ古典様式と呼ばれる控えめな古典様式で仕事をしたので、多くの典型的なオランダ的特徴を示している。それでも、世界貿易の中心としてのアムステルダムが建物の大広間の床に埋め込まれた巨大な大理石の世界地図に表現され、彫刻や絵画は全体としてアムステルダムのあらゆる栄光を描く壮大な寓意的構成を取っており、この建物は一体的芸術作品というバロックの理想を体現している。

植民地との結びつきにより、オランダ社会はアジアの偉大な物質文化を十分知っていた。日本の漆細工は大変人気があったが、それ以上に中国や日本の磁器は社会的地位を示す財産であった。しかし、貴重な「磁器」を複製しようとするオランダの試みは失敗した。この過程で製陶業は、特にデルフトにおいて、美しい炻器を自ら生産することに成功し、やがて、ほぼ同じくらい魅力的なものとなった。それ以来、「デルフト焼き」はブランド名となっている。これらすべての東洋の贅沢品は大半がバロック様式で作られた家具と混じり合い、また調和した。

この頃、庭が建築の延長となった。庭は花壇を単色の花で充たした上で幾何学模様に設計された。花には、トルコ原産ではあるが特にオランダ的と見做されて大きな人気を博したチューリップがもちろん含まれる。オラニエ家のウィレム三世が英国に移った時、建築と庭園造り双方のオランダ文化も彼とともに移り、現地のエリート文化に影響を与えた。数十年にわたり、スェーデンやブランデンブルク・プロシアのような他国も、特にこれらの分野でホラントに範を求めた。

詩人で政治家のヤコブ・カッツ（1577－1660）。ミヒール・ファン・ミーレフェルト画（1639年）〈RMA〉

作家のピーテル・コルネリスゾーン・ホーフト（1581－1647）。ミヒール・ファン・ミーレフェルト画（1629年）〈RMA〉

## 文学：マウデン・サークル

文学においても、一六世紀の間に既に進展していたオランダ文学に特徴的な執筆様式がいまや成熟しつつあった。その後の数世紀にオランダ人の特質のひとつとして知られることになったのは、（金銭絡みの評判も人口に膾炙していることは、事実としても、）反体制派に対する寛容であった。この寛容は、エラスムスの信奉者であったディルク・コールンヘルト（一五二二―一五九〇年）の文芸作品に描かれている。アムステルダムの「野薔薇文芸サークル」はこれらの倫理的な観念を反映する詩や戯曲に大いに刺激を与えた。ヘンドリック・スピーゲルやピーター・ルーマー・フィッシャーのような文豪がその一員であった。彼らの作品は道徳的な世界観が特徴であり、これは一七世紀の絵画にも通じるものがあった。

商人であり詩人であったフィッシャーのアムステルダムの屋敷は画家、作家、音楽家の大きな集いの場であり、これには彼の才能豊かな娘達、アンナとマリア・テッセルスハーデが含まれていた。彼の死後、この集いはもう一人の偉大な作家のピーテル・コルネリスゾーン・ホーフト（一五八一―一六四七年）の本拠地であるマウデン城に場を移した。いかなる意味でも公式の機関ではなかったが、一六一〇年から一六四七年まで、これは共和国の文化的、科学的な活動の中心となった。いわゆるマウデン・サークルを構成した人々の宗教的、政治的背景の多様性は、一七世紀においてオランダ上流階級の社会的風潮が比較的寛容なものであったことを反映している。抗議書派と反抗議書派の間の熾烈な争いは影を落としてはいたが、傷を残してはいなかった。

マウデン・サークルの主人役を務めたホーフトがアムステルダム市長の息子であり、一六〇九年にマウリッツ公によってマウデンの代官に任じられていたことは意義深い。彼はローマの作家のプラウトゥスの作品を翻案した「ワレ　ナール」という喜劇を含め、多くの戯曲を書いた。ホーフトの様式はオランダにおける文学の発展に特徴的なものである。一六世紀の末にかけて作家は自己表現に独自の道を見出すべく努力していた。いまや作家はますます古代ギリシァ、ローマの作家から着想を得るようになっていた。歴史家としてもホーフトは古代ローマに想を求めて、初期オランダ共和国についての偉大な歴史書を書き始めた。タキトゥスの「年代記」は彼の「歴史」にとって手本となった。

## ヨースト・ファン・デン・フォンデル：「詩人の貴公子」

もう一つの古典の手法の著作は、悲劇「パラメーデス」であった。これはオルデンバルネフェルトの司法による殺人という同時代の事件に基づく筋書きを有している。その著者のヨースト・ファン・デン・フォンデル（一五八七―一六七九年）はローマ・カトリック教徒であったが、彼もマウデン城の常連の来訪者であった。彼は多くの人から一七世紀オランダ最大の詩人と考えられていたが、一六二五年に出版されたこの作品で命を危険にさらすことになった。アムステルダムの施政者たちが町に名声を与えた天才を誇りとして、彼を適度な罰金で赦免した時、彼はもう一作政治性を帯びた悲劇を書き、プロテスタントでライバル

オランダの詩人の「貴公子」、ヨースト・ファン・デン・フォンデル（1587－1679）〈RMA〉

であったエリザベスによって斬首されたカトリックのメアリー・スチュアート・スコットランド女王を擁護した。フォンデルの喜劇「レーウェンダレルス」は、ミュンスターの和平を祝うためアムステルダム劇場で上演され、大きな成功を納めた。

フォンデルの悲劇「アムステルのハイスブレヒト」は、アムステルダムの人々に町の歴史の初期の挿話について、高揚感を与えるものの歴史的には不正確で、どちらかといえば寓話的な解釈を提示した。これは、アムステルダムがホラント伯から歴史的に自立してきたことを強調し、これにより、この強力な町を支配しようとするホラント州議会の当時の試みからも自立していることを強調したのである。一七世紀のアムステルダムで仕事をした多数の芸術家の真の国際性を示すものとして、フォンデルがヨーロッパ外の事件に基づいて文学作品と戯曲を書いた最初の欧州の作家のひとりであったという事実が挙げられる。彼の「ツンチン」という悲劇は中華帝国で直近に起きた劇的な権力の交代を背景とするものであった。しかし、フォンデルの最も重要な戯曲は疑いなく聖書に基づく悲劇であり、なかでも「ルシフェル」は確かに、一七世紀の欧州で書かれた最も偉大な作品のひとつである。

## フーゴー・デ・フロート：国際法の創設者

マウデン城の文学と音楽の会へのもう一人の訪問客に、戯曲家、数学者、神学者、歴史家で、なかんずく法学者であったフーゴー・デ・フロート（一五八三―一六四五年）、すなわちグロチウスがいた。彼は抗議書派の政治指導者のひとりであり、このため一六一九年にはレーフェスタイン城に収監されていた。彼は書籍櫃に入り込んで劇的な脱走を果たしたという評判をとったが、その後は亡命生活を余儀なくされた。一六二五年に発表された彼の「戦争と平和の法　三巻」は国際法の基礎を築いた。他の著作で彼は海洋の自由と国際的自由貿易を擁護したが、彼はオランダ東インド会社の法律部門の長であり、かくして上司の気に入るよう執筆していた事実に鑑みれば、これはほとんど驚きに当たらない。同時代の多くの人々同様に、彼は信教の自由を強く信奉し、多くの短い著作で寛容を説いた。

作曲家ヤン・ピーテルスゾーン・スヴェーリンク（1562−1621）

学者で法律家のフーゴー・デ・フロート（1583−1645）〈RMA〉

## 音楽

ホーフトのマウデン・グループには音楽もあった。マリア・テッセルスハーデ・フィッシャーはしばしばユダヤ系ポルトガル人声楽家であるフランシスカ・ドゥアルテとともに、政治家、詩人、作曲家のコンスタンタイン・ホイヘンスの詩による曲を歌った。彼は一七世紀の最も卓越した作詞家でこのグループの一員であった。アムステルダムの旧教会に雇われたヤン・ピーテルスゾーン・スヴェーリンク（一五六二―一六二一年）も客として歓迎された。彼は当時最大のオルガン奏者、作曲家のひとりであり、多くのドイツ人の弟子がいた。彼は、一世紀後にヨハン・セバスチアン・バッハによって完成されたフーガ様式を創案した。また、彼は大半が聖書の詩編を歌詞とする印象的で美しい声楽曲をいくつか書いた。

国家の特権的宗教が新教に移行したことは、オランダの教育に広く影響を及ぼした。ライデンにおける北部最初の大学はまさしく新教徒、あるいは「オランダ改革派」（ほどなく彼らはそのように呼ばれるようになった）の牧師に適切な訓練施設を設けるという目的で設立された。他の町も、町の誇りを示すのみならず、伝統的なラテン語学校で教える水準を超えて、都市貴族や富裕な商人のエリートに教育を与えるために、ライデン大学に続いて、高等教育機関を設立することに熱意をもった。そのような学校のひとつが一五八五年にフラネカーに設立され、一六三六年にユトレヒトに、一六四五年にハーデルワイクにも設立された。ナイメーヘンも独自の大学を持ったが、短命に終わった。これらの機関は豊かな中央集権国家ではなく、各都市によって支出が賄われており、その都市の財政状況に依存するという危うさがあったからである。マウデン城を訪れた多くの作家、音楽家、学者に加わった男達の一人に、ヴォッシウスと普通ラテン語の名でよばれる、ヘラルドゥス・ヨハネス・フォスがいた。彼は、ライデン大学に匹敵する基準で一六三二年にアムステルダムに設立された高等教育の学校である「アテナエウム・イルストレ」の歴史の教授であった。ライデン自体、東洋学者のヤコプ・ホリウスや古典の権威で詩人のダニエル・ハインシウスのような多くの学者を引きつけた。彼らの学術的名声がヨーロッパ中から学生をホラントに引き寄せた。

中等教育においても変化は起きた。一七世紀の間、中産階級の子供向けの学校が、堅苦しく学術的な教育というよりは、実際的で商業的な教育を提供するという特定の目的をもって設立された。これは「フランス語」学校と呼ばれ、そこでは教科として勿論真のカルヴァン派の伝統に沿った形で宗教と倫理学が教えられ、またこれに加えて、フランス語、地理、算数が教えられた。大半のフランス語学校は民間で運営され、大半が男子である児童のための寄宿施設を伴っていた。

もちろん、ラテン語の知識はラテン語学校においてはかつて教育の支柱のひとつであったし、依然としてそうであったが、宗教改革以来、礼拝がオランダ語で執り行われるようになったため、もはや教会の言葉ではなくなった。さらに、カルヴィニズムの普及のためにはできる限り多くの人々が聖書を読めることが極めて重要であったので、聖書は日常語にも翻訳され印刷された。この新しい状況に鑑み、いわゆる「オランダ語学校」が、通常は教会または都市参事会の強い勧めにより、いたるところで設立された。そこでは読み書きのような最も基礎的な教科だけが教えられた。算数でさえ標準的な履修課程とはなっていなかったが、国の中でもより商業志向の地域ではほどなく導入されたものと見られる。一方、上述の通り、この教育活動はオランダ共和国の識字率を同時代の世界最高の水準に保つことを確かにした。

医学者ヘルマン・ブールハーヴェ（1668－1738）。彼の医学及び化学の教科書はヨーロッパ中で、また、中国および日本でさえ使用された

しかしながら、これらの大学その他の教育機関は、決して科学研究を育てる温室というわけではなく、無論現代社会で支配的となった研究室で行われる巨大科学のようなものでもなかった。事実、実験科学は概して個人によるか、専門的科学者というよりは素人であって考え方を共にする通常裕福な人々の小さな集団によって追求される活動であっ

アントニ・ファン・レーウェンフック（1632−1723）。独学の学者であるが微生物学の分野では世界的に有名な科学者

た。アントニ・ファン・レーウェンフックは微生物を最初に発見し記述したが、元来商人であって、細胞生物学上の重要な作業を可能にした自作の顕微鏡用のレンズは余暇に作成していたものである。最初の操縦可能な潜水艦を建造したコルネリス・ドレッベルも、全く一人で作業した。最後に、同じく重要であるが、クリスチアーン・ホイヘンス（有名な詩人政治家の息子）は、天文学についての国際的討議において主要人物の一人であったし、発明家、なかでも振り子時計の発明家でもあった。彼は自宅で静かに作業をし、大学とは何ら関係を持たなかった。

オランダ共和国における科学と学術研究は、外国人によっても影響を受けた。寛容な宗教的環境のため、多くの知識人が本国での迫害を逃れてそこに定住したからである。かくして啓蒙文化の先駆者のひとりであるピエール・ベールは人生の大半をロッテルダムで過ごし、巨大な影響力を持った「辞典」を出版した。これは実際には百科事典であり、宗教的観念の先入観から自由な、実証的で客観的な研究の必要性を論じた書物である。

この活気に満ちた文化的風土の中で、さらに、他の地域では並ぶものもないほどに毎年新しい本が出版され、長文の本を買って読む金と時間がない多くの人々は新たに得られた知識について短く権威のある手引き書の必要性を感じた。かくしてピーテル・ラブスという人物は、一六九〇年代にこの種の読者層に資する最初の定期刊行物、リーダーズ・ダイジェストの前身のようなものを創刊した。

# 18. 一七世紀後半の社会と政治

## 総督ウィレム二世

ミュンスターの和平の後、英国は自国もプロテスタントであったにもかかわらず、やがてオランダ共和国の最も強力な敵のひとつとなった。勿論、中世以来貿易上の競争関係は両地域の間で特有のものとなっていたが、共和国がより組織的に経済拡張政策を始めたことにより、いまや更に激しくなっていた。当時紛争が続いたもう一つの理由は、一六四九年に国王チャールズ一世を処刑したのち、革命指導者のオリバー・クロムウェルによって追放されていた英国のスチュアート家の立場をフレデリック・ヘンドリックの唯一の息子で相続人であるオラニエ家のウィレム二世が擁護したことである。彼の立場は驚くには当たらなかった。彼は先王の娘、メアリーと結婚していたのである。しかし、商業上の理由さらにはイデオロギー的理由からも、市の都市貴族達の大半は英国の王家のために干渉しようとする総督の頑強な意向に反対した。

オラニエ公ナッサウ家のウィレム2世（1626−1650）の肖像画。作者不詳　〈RMA〉

　ホラントの都市エリートとオラニエ家との関係は、ウィレムの意思に反してミュンスターの和平が合意されて以来、既に冷却化していた。一六五〇年にホラント州議会が高くつく常備軍の経費のうち同州分にあたる四二個連隊の経費をもはや負担しないと宣言した時、この関係が改善するはずはなかった。そこでウィレムは連邦議会で決議を通させ、各部隊長が部隊の指揮に留まるよう命じた。彼はその後部隊を引き連れて、州議会で投票権を持つホラントの町々に相当非友好的な訪問を始めた。彼は行く先々で抵抗に会うたびに実力を行使し、結局六人の指導的な都市貴族をレーフェスタイン城に投獄した。反抗的なアムステルダムは、ウィレム・フレデリック・フリースラント総督の指揮する軍に脅迫さえ受け、ついに、同市はホラント州議会でオラニエ公を支持することに同意した。

政治家、外交官で詩人であったコンスタンタイン・ホイヘンス（1596−1687）の肖像画。ミヒール・ファン・ミーレフェルト画（1641年）

### 第一次無総督期　一六五〇―一六七二年

しかし、一六五〇年末にウィレムが突然死去し、人々は大いに安堵した。彼の唯一の息子は父親の死後九日目に生まれたところで、すぐに後を継ぐ者はいなかった。これにより、若い共和国は新たな状況に直面させられた。将来の方針を検討するためハーグで「大会議」が開かれた。これには、各州が大代表団を送った。論点は「統一、軍隊、宗教」であり、七州は各論点について各州の主権が十分尊重されるべきことを強調した。州の権力と独立性を確かにするために、彼らは当分の間総督を任命しないことを決めた。

ハーグの旧ホラント伯宮殿の「騎士の間」。連邦議会により1651年に有名な「大会議」のため使用された。 〈RMA〉

### 航海法：第一次対英戦争または英蘭戦争

この間、一五八〇年代以来の共和国の継続的な経済的成功は、国外、特に英国において嫉妬心を強めさせた。英国では一六五一年に同国の海運と貿易を保護するため航海法が成立した。それは欧州の商品を英国に輸入するのは英国船か原産国の船に限ることを定め、オランダの商船隊から主たる収入源のひとつを奪うものであった。また、この時以来、英国の沿岸貿易から外国船が排除された。

共和国が熱心に推進してい

た国際的自由貿易体制に対する、また、海運業というオランダの商業的成功の中心的要素の一つを狙ったこの英国の干渉が第一次英蘭戦争（一六五二―一六五四年）を生んだ。これは共和国にとって不運な戦争であった。海上での「三日戦争」の後、英国が海を制し、ホラントの海岸を封鎖しさえした。

和平交渉で英国の護国卿となっていたクロムウェルの代表者達はオラニエ家が決して権力の座に復帰しないことについて、共和国の保証を要求した。これはスチュアート家による君主制の復活をオラニエ家が支持することをクロムウェルが怖れていることを示すものであった。連邦議会とホラント州議会はこの点について再び意見を異にしたが、この時はホラントの意見が通った。

ウェストミンスター講和条約が署名された二、三週間後に、ホラントはオラニエ公が同州の総督または提督に再び就任することはないことを決定した。また、ホラントは連邦議会がオラニエ公を連邦の最高司令官の地位に任命することに反対することとした。これは「排除令」として知られることになったが、秘かに英国との講和条約の中に既に含まれていた。

この計画はホラントの大法務官であるヨハン・デ・ウィット（一六二五―一六七二年）によって編み出されたものであった。彼は有力な商業都市であるドルドレヒトの出身で、一六五三年以来ホラントの政治の任にあった。彼の考えは、この点を含めいくつかの点で始めは他州の反対に会ったが、アムステルダムの主な都市貴族の一人の娘と結婚することにより、彼はこの影響力の強い町を自己の陣営に引き込み立場を強めた。

## 総督ウィレム三世

スチュアート家が一六六〇年に再び英国の王位に復帰した時、共和国におけるオラニエ家の立場は強くなり、「排除令」は若いウィレム三世の従兄である英国のチャールズ二世新国王の圧力もあって廃止された。明らかに政治的な理由によりホラント議会は反オラニエ姿勢を和らげ、極めて政治的に当時一〇歳の王子の教育を引き受けることを申し出た。一六六六年、彼は「州の養子」となった。それにもかかわらず、ヨハン・デ・ウィットは、当時すでに共和国が再び英国との戦争に入り、一六六四年に英国が西インド会社からニューアムステルダムを奪ったこともあり、ウィレムの母方の親戚であるスチュアート家の影響力を最小限に抑えようとした。

この第二次英蘭戦争はミヒール・デ・ライテル提督指揮下のオランダ艦隊にとり目覚ましい成功に終わった。同提督は国家の英雄となり、ピート・ハインと同じく民謡の中で褒め讃えられている。死去に際し、彼はアムステルダム新教会に大理石の墓を与えられ、カトリック教会なら主聖人とともに祭壇が恭しく設けられるところに安置された。

オランダ軍は英国艦隊の大部分をロンドン近くのメドウェイでの襲撃で撃滅し、旗艦の「ロイヤル・チャールズ」を捕獲さえしたが、この海戦での勝利はヨハン・デ・ウィットの努力に多くを負っていた。彼は強力で装備の

オラニエ公兼英国（大ブリテン島およびアイルランド）王（1689－1702）、ナッサウ家のウィレム3世（1650－1702）の肖像画

良い艦隊を維持するために必要な資金を確保していた。明らかにこのオランダの勝利はこれに続く講和条約において航海法の諸条項を和げることに役立った。

ヨハン・デ・ウィッテ（1625－1672）大法務官の肖像画〈RMA〉

## ヨハン・デ・ウィッテ大法務官

しかし、オルデンバルネフェルトに起きたように、この大法務官もオラニエ公の野心と攻勢の犠牲となった。デ・ウィットは艦隊の増強に最善を尽くす一方、陸軍を軽視した。この政策の危険性は、一六七二年フランスが陰謀により、英国と、共和国の東の隣国であったミュンスターとケルンという独立したカトリックの司教領に対して、フランスに加担して共和国に宣戦するよう仕向けたときに明らかになった。全てがひと月以内に起きた。ほどなく、オランダの東南部全域は敵部隊に占領された。人々と一部の都市貴族は住民に自信を持たせることのできる軍人が必要であると考え、いまやオラニエ公に頼った。一六世紀後半にナッサウ家が得た職務を引き継いでいたフリースラント州を除いて、彼は二か月のうちに全州で総督に任じられた。その上、ウィレムは陸軍最高司令官と海軍最高司令官として宣言された。

フランス軍が侵略した時、デ・ウィッテは失策を認め辞職していたが、彼とその兄は、今やハーグで怒った群衆から私刑に会い、殺害された。首謀者がその恥ずべき行為に対し罰せられることはなかった。オラニエ公自身がこの行為を教唆したのではなかったのかもしれないが、彼らは同公により逆に褒美を与えられた。

英国にとり危急の時、オランダにとり勝利の時。ミヒール・デ・ライテル提督が艦隊をテームズ川に進め、チャタムの戦闘を戦った　1666年

## 欧州の勢力均衡のための闘い

陸軍最高司令官に任ぜられるや否や、ウィレム三世は軽視されていたオランダ陸軍の再建に乗り出した。一六七四年デ・ライテル提督は海戦に勝利し、英国に再びオランダと和睦することを強いた。また、ウィレム自身の軍事的な成功により司教領のミュンスターとケルンとは講和が成立したことで、フランスが唯一の敵国として残った。戦争は一六七八年まで続いたが、ある人々にとって、これはますます個人的な威信、また公家としての威信にかかわる問題となり、ウィレムの批判者に言わせれば、共和国の利益がオラニエ家の利益とオラニエ公のエゴの次にされていると感じられるようになった。しかし、ウィレムにとって、これはフランスが最大の覇権を握ることを

妨げ、欧州に勢力均衡を実現するため戦うべき、また勝たねばならぬ戦争であった。フランスは国境線全線に沿って征服により領土を拡張しつつあった。彼はこのようにしてのみオランダの独立を引き続き確保することができると考えていた。この考え方は、共和国のその後の多くの戦争において決定的な特徴となり、また事実多くの他国によっても採用されたことにみられるように、近代的なものであった。

ミヒール・アドリアンスゾーン・デ・ライテル提督（1606−1676）

一方、一六四八年と同様に、やがて都市貴族達はフランスにおける彼らの商業的利益を損ない、高くつく戦争を長引かせることにこれ以上の意味を見出さなくなった。そのため、彼らはオラニエ公に国王ルイ一四世と和睦することを促した。ウィレムは激怒し失望したが、一六七八年にナイメーヘンにおいて和平条約の交渉が行われた。

しかし、オラニエ公はやがて共和国に彼の大計画を了承させることに成功した。彼は英国のジェームズ二世の娘であり、彼の従妹であるもうひとりのメアリー・スチュアートと結婚することにより、義父が英国を去って同国が政治的、宗教的な混乱状態に放置されたのち、一六八九年にイングランド、スコットランド、アイルランドの王位に就くことができた。ウィレムはその後、英国、スペイン、オランダ共和国、ドイツ皇帝及びいくつかのドイツの領邦を結びつけて反仏大同盟を作るという熱い欲求を実現した。一方、ルイ一四世は王位を取り戻そうとするジェームズ二世に味方していたが、彼の主たる目標はスペイン領ネーデルラントとオランダ共和国自体を征服することであった。これはフランスと反仏同盟の間の九年戦争の勃発を画すものとなった。

ウィレムは英国が海上で主導権を取る一方、陸戦用の資源の大半はオランダが提供することを決めた。これによりウィレムはそれとは気づかぬままに、戦時中またその後の平和の期間のいずれにおいても英国海軍の優勢をますます強める状況を作った。長期的にはこれは共和国に世界貿易におけるかつての主導的な地位を失わせる原因のひとつとなった。

多年フランスは陸上での戦闘では最強であることが示されていたが、海上では英国とオランダとの連合艦隊の敵ではなかった。戦争はいずれの側の最終的勝利ともつかぬまま長引き、フランスが南部ネーデルラントを領有せんとする意欲より、スペイン継承戦争への関心の方を優先するまで続いた。ルイ一四世はスペインの王位をブルボン家が占め得るよう、スペイン継承戦争での勝利を望んだのである。一六九七年にライスヴァイク講和条約が署名され、共和国は敵国であるフ

会議の席に着く欧州：ナイメーヘンで平和条約を交渉しようとする欧州各国の大使たち。1676−1678年

ランスに対する防壁として、南部の多くの城塞都市に軍を駐留させることができるようになった。

# 19. 一七世紀後半と一八世紀の社会、政治、経済

一七世紀と一八世紀は長い間オランダの歴史において対照的な時期として描かれてきたが、一八世紀の出来事の多くは、前世紀の後半に由来するものであった。更に言えば、オランダ共和国が経済と文化のあらゆる面で突如衰退し始めたという説は作り話である。現実に起きたのは、むしろ、経済的、社会的風潮において、活発で進歩的なものから保守的なものへの緩やかな変化が明らかになったことである。もはや共和国が欧州の政治の領域で舞台の中央を求める必要は無くなった。確かに大きな代価を払って共和国はその利益を守ることに成功していた。現状を維持せんとする欲求はいまやより強くなっていた。依然として、オランダ共和国は世界貿易において重要な役割を果たし、投資を通じて国際金融への影響力を保持していた。しかし、全般的な経済的衰退は顕著に見られないとしても、他国との、特に英国とフランスとの競争は、オランダがほぼ一世紀の間保ってきた準独占状態の維持をいまや妨げるまでになった。

## 進歩と衰退

一七世紀の初期には多くの富裕な商人は貿易、工業、農業を含んだ、構想力に富み、壮大ともいえる諸計画に投資していた。ホラントにおける酪農用の土地の干拓は主として貿易上の収益から融資された。このように、ひとつの事業が次の事業に繋がった。しかし、一八世紀には投資はどちらかとい

えば海外で、特に英国と米州で行われるようになった。

オランダの国際貿易は一八世紀もかなり後半になるまで顕著に衰退することはなかったが、工業はより早く衰え始めた。ひとつにはオランダで支払われる高賃金の結果、生産は、例えばライデンの織維産業の場合、一六七〇年から一七九五年の間に八〇％低下した。黄金時代に栄えた造船業もいまや不況の中にあった。

国内の事業への投資の減少と共和国で通例となった相対的に高い賃金は、住民のうち工業に従事する人々の間に高水準の構造的失業と貧困を生む結果ともなった。主な投資家の小さな集団がますます富裕になるに伴い、社会的な対照性が過去数世紀より大きくなった。

## 一七四七年までの都市貴族と州政府

社会集団間の格差を拡大させたもう一つの原因は、都市と農村の双方で権力が少数の主な家門の手に集中したことであった。一七世紀にも都市の寡頭制支配は存在したが、消える家門がある一方で、依然として新たな人たちが、また、その後その家門が、都市貴族のサークルに加わることは可能であった。一八世紀にはこのような上方への移動はずっと困難になった。ほとんどすべての都市において大半の市の役職は、一番上から極めて慎ましやかなものまで、事実上少数の家門により統制された。彼らはいわゆる「調和の契約」を互いに取り決め、彼らの閉ざされたサークルの外からはいかなる者もいかなる役職にも就けないことを約した。この種の取り決めは、さらに新生児を役職に就け、実際の俸給のほんの一部を払って代理人にその役職を埋めさせるまでになった。この種のあからさまな身び

アムステルダムのハンセン病患者保護施設の4人の管財人（1773年）〈RMA〉

いきと恩顧関係が腐敗を生むことは避け難かった。これはまた、非支配層エリートに不満を持たせた。彼らは、十分な教育を受けた富裕な上層市民と成功したブルジョワの面々であり、都市を支配する光輝ある家門のサークルには属さないが、彼らにも権力者の地位を望むあらゆる権利があると考えた。

都市貴族が保守性を強めたことは外交政策にも影響した。スペイン継承戦争（一七〇二―一七一三年）の間、ホラントの大法務官のアントン・ハインシウスはフランスの力を押さえるというウィレム三世の政策を引き継いだ。しかし、一七一三年にひとたびユトレヒト条約が署名され、フランスがスペインで望んだものを同国に与えた後は、多くの政治指導者は外交に積極的にかかわる必要性をこれ以上感じなくなった。継続して戦争に関与することは非常に高くつくことが明らかであったので、尚更であった。このため、共和国は国際場裡で有意義な役割を果し損ね、その結果かつての威信と力の多くを失った。

この無関心の理由は、ひとつには、ユトレヒト条約が署名されたときまでに、オランダ共和国の国庫がほとんど払底していたという事実があった。さらに、公的債務、特にホラント州の債務が巨大な比率に達し、経済に深刻な影響を与えていた。ひどく混乱した事態の改善、とりわけ税制分野の改善が必要であった。レヒテレン伯のアドルフ・ヘンドリックは共和国史上二度目の大会議をハーグで開催することを訴えた。この会議で、オランダ連邦の運営の責めにあった国務評議会長官のシモン・ファン・スリンゲラントは根本的な政府の改革を提案した。七つの主権州の代表は連邦議会に提出されるあらゆる提案に自州の同僚と協議しなければならず、この高度に複雑な意思決定の方式が際限のない遅滞につながっていた。しかし、大会議への代表はまさにこの協議に服さねばならなかったため、ここでは何らの合意も見られず、すべては従前通り続けられることになった。

## 第二次無総督期　一七〇二―一七四七年

一七〇二年ウィレム三世が亡くなったとき、彼はウィレム寡黙公の最後の直系男子の子孫であったので、オラニエ家がこれ以上役割を果たすことはないように思われた。オラニエ公の肩書はウィレム寡黙公の兄弟の一人の子孫であるナッサウ家のフリースラント家系に引き継がれた。しかし、一七一一年フリースラントとフローニンゲンの総督であるナッサウ家のヤン・ウィレム・フリゾーが事故で亡くなった。その寡婦であるヘッセン・カッセル家のマリー・ルイーゼは公の死後生まれた息子のウィレム・カール・ヘンドリック・フリゾーに代わって統治に当たった。彼女の統治は幅広く尊敬を得、その結果、ウィレムが成年に達した時、彼はこの二州において問題なく総督の地位につくことができた。ほどなく、ヘルダーラントも彼を受け入れた。しかし、ホラントが主導して残りの四州はこの第二次無総督期を続けることを選んだ。一七三四年ウィレムが英国のハノーヴァー朝の新王の娘のアンと結婚したことは、海外においてオランダの総督の肩書と地位が依然として重視されていたことを示している。

共和国がオーストリアの継承をめぐる欧州での戦争に巻き込まれ、フランス軍の侵略が急迫を告げた一七四七年になってはじめて、一六七二年同様に当時フリースラント総督であったオラニエ公ウィレム四世がホラント、ゼーラント、ユトレヒト、オーファーアイセルでも総督に就任するよう招請された。共和国がこの戦争に巻き込まれるに至った背景は複雑であった。これは一七三一年に署名されたウィーン条約に由来した。オーストリア、英国、スペインとオランダ共和国との間のこの協定は、重要な政治的経済的側面を有していた。各国は皇帝の娘であるマリア・テレジアがハプスブルク家の領土の全てを相続する権利を認めていたが、一七一三年にスペインの継承が決まって以来、この領土には南部ネーデルラント若しくはオーストリア領ネーデルラントも含まれていた。そこで、ウィーン条約に署名する代わりに、共和国は代償を求めた。一七二二年に南ネーデルラントに設立されたオステンド会社がオランダ東インド会社の脅威となっていたので、ハーグはこの会社の解体を求めた。

しかし、一七四〇年父の死に当たり、マリア・テレジアが自らの権利を主張した時、他にも王位を請求する者たちがいた。続いて起こった欧州での戦争において、共和国はウィーン条約により軍を出す義務を負っていた。しかし、共和国は余りに長い間待たせた上でこれを出したために、それまで享受していた敬意の多くを失った。さらに、フランスの新国王は一七四四年にオランダ共和国、英国、オーストリアに対し宣戦布告し、フランス軍は南部ネーデルラントを侵略しいくつかの要塞化した障壁都市をも攻略した。一七四六年までにオーストリア領ネーデルラントはほぼ完全にフランスの手中にあった。より恐るべきことに、一七四七年にフランドルのオランダ領が占領された。

## オラニエ家：ウィレム四世とウィレム五世
### 全州の世襲総督

かくして、一七四七年には戦争の脅威と、ますます閉鎖的となった都市貴族による寡頭政治に対して過去数十年の間に積もってきた不満が、多くの都市で多かれ少なかれ自発的な形で民衆の暴動を生んだ。そのいくつかはオラニエ家の支持者によって組織された。いまや多くの人々がウィレム四世を全州で世襲の総督として承認することを求めていた。これに意を強くし、都市貴族でない富裕な市民がオラニエ公の運動に加わって、この機会に権力を得ようとした。しかし、彼らは政治的な理由によりオラニエ派となったに過ぎなかった。彼らは自らを主として祖国に忠実なものと見做していたので、「愛国者」と名付けられた。

次の年、一七四八年にアーヘン条約により戦争が終わった。全州で問題なく任についたオラニエ公は、いまや共和国の統治機構の多種の腐敗に自由に対処し得た。彼は市、州、国政レベルの議員を任命する権限すら得た。しかし、オラニエ公はこの機会に過去数十年にわたった悪弊を一掃することに代えて、できるかぎりどこにでも彼の取り巻きを任命した。これは彼の支持者の多くを激しく失望させた。彼らは自己の利益が欺かれたと感じ、あるいは国の力を支えるために必要な改革は望み難いことを認識した。

アムステルダムで一七四八年に、深刻な騒乱が起きた。この時自らの会合場所として使っていた集会所からその名を取った「ドゥーリステン」がその要求を明らかにした。これは、公職の開放、ギルドの特権の回復、郵便事業の高収益を少数の家門の懐に入れるのでなく都市に分配することを含んでいた。ウィレム四世は自らアムステルダムを来訪し、この要求に同意した。しかし、事態はほどなく旧に復してしまい、これによって多くの教育のある非都市貴族の市民は団結し、より過激な政治思想を唱えるようになった。しかし、これには未だ普通選挙に基づく国民主権への言及のようなものは含まれていなかった。

オラニエ公ナッサウ家のウィレム4世（1711－1751）。大きな権力を与えられたが、支持者の多くを失望させた〈RMA〉

ここから、ほぼ近代的な「政党」のような新たな政治集団が現れた。これは、一七四七年に栄光の座から滑り落ちた旧都市貴族と、依然として政治や政府に発言力を持たない富裕なブルジョワ層の成員からなっていた。彼らは究極的に目指すところは異なったが、当面これまでにもまして横暴になった総督の施政に対する不満を共有していた。この党派も「愛国者」と名乗ったが、決定的に反オラニエである点で一七四七年の愛

オラニエ公ナッサウ家のウィレム5世（1748－1806）。オランダ共和国の真の支配者に近づいたが、その機会をつかみ損ねた　〈RMA〉

国者とは違っていた。彼らの主たる目的は、腐った行政組織の制度的改革であった。

一七五一年ウィレム四世が死去し、息子のウィレム五世が未成年の間、その寡婦が陸軍最高司令官を代行したドイツのブラウンシュヴァイク侯とともに統治に当たった。彼は神聖ローマ帝国皇帝に仕えた後、オランダ共和国陸軍の再編に与り、オラニエ家に大きな影響力を持っていた。これに続く時期には、アムステルダム市といまや成年に達したウィレム五世との間で、税収を陸軍の装備と艦隊の再建のいずれに費やすかという問題を巡って激しい争いが生じた。オラニエ派はオラニエ公の立場を強めるよう、これまでどおり陸軍を重視した。一方、商業のアムステルダムは、オランダが英国に対して失った海軍力をいくらかでも取り返すために必要な艦隊を支持した。一七七七年に英国が米州の植民地との戦争に入って、ようやく共和国は二〇隻の軍艦を装備することを決定した。

オランダ人の中でより民主派の人々がアメリカの叛徒に支持を与えたことが、共和国と英国の関係を改善するはずはなかった。連邦議会が商船隊の保護のため護送船団の派遣を決定したことは事態を悪化させた。一七八〇年一二月に第四次英蘭戦争が勃発し、優勢な英国海軍はオランダの海上貿易に重大な損害を与えた。

## 愛国者とオラニエ派

愛国者とオラニエ派の政治的立場の相違はいまや明瞭に現れ、愛国者はオラニエ公あるいは少なくともその助言者達が艦隊の拡張に常に反対してきたという理由で、海戦での惨敗についてオラニエ公を非難した。一七八一年愛国者の理念を概説した匿名の冊子が配布された。それは「オランダ国民へ」と題され、オーファーアイセルの貴族であるヨハン・デルク・ファン・デル・カペレン・トート・デン・ポルが書いたものであった。彼は憲法上の改革を求めたのみならず、武装した自警団による義勇軍の設置を主張した。その後の数年間に多くの都市でそのような義勇軍が然るべく招集された。

この期間に政党政治はより明確なものとなった。あらゆる政治的な要求がこれまでになく理論的に洗練され、更には州の主権の見地からの改革のみならず、国全体に影響を与え、変革するような改革を要求して、真に革命的な響きを持つようになった。ホラント、フリースラント、その他の地域的な感情ではなく、ある種のオランダ国民としての意識が生じた。いまや共和国全体から愛国者が政党綱領を纏めるために会合するようになった。「下ライン・ポスト」のような愛国的新聞がこれに与って力があった。これは新たな文化的、政治的な現象でもあり、これ以降オランダの世論を形成する強力な力となり、今日に至っている。この新聞は一七八四年に「協議令」の存在を暴露した。この協定は一七六六年ウィレム五世が成年に達したばかりの時にブラウンシュヴァイク侯とウィレム五世の間で署名されたものであった。そのなかでオラニエ公は侯に対し、将来彼がオラニエ公に与える助言については、オラニエ公のみに責任を持てばよいことを確約していた。この報道は公衆から大きな抗議を呼

オラニエ公ナッサウ家のウィレム5世（1748－1806年）とその家族。G. ハーフ画。〈RMA〉

び起こした。侯爵はオランダを去っていたにもかかわらず、反オラニエ感情が深まった。

愛国者運動はアメリカの植民地の独立闘争の成功に一層影響を受けた。義勇軍の集会において、共和国も代議制の政体を取るべきことが決議された。愛国者のうちある者はアメリカ独立宣言に極めて良く似た新たな憲法案を既に起草した。一六世紀末から一七世紀初めにかけてアメリカの独立を求める戦いの中で、アメリカの政治家の多くはオランダにおいて示された共和国の理論と実践から刺激を受けていたので、その意味でこれは歴史的にみて興味深い状況を形成するものであった。

常にカトリックの砦であったユトレヒト州は、ギルドの伝統がいまだに尊重されていたその州都とともに、いまや愛国者運動の中心となった。しかし、一七八六年民主的な政権がそこで生まれた時、愛国者間の社会的政治的背景の違いにより運動の中の亀裂が明らかになった。一七四七年に放逐された都市貴族の集団は、公職の任官においてオラニエ家が実践してきた恩顧関係を制度的に廃止することのみを支持した。彼らは市民層の愛国者が纏めた広範な改革案には絶対に同意しようとしなかった。

反オラニエ感情が一層高まり、ホラント、ゼーラント、フローニンゲン、オーファーアイセルの各州が一七八六年にオラニエ公を陸軍最高司令官として停職にしたにもかかわらず、総督は一般民衆にはいまだに人気があった。しかし、ある馬鹿げた行為により、彼の立場は更に損なわれた。彼は義兄のプロシア王に頼りその介入により元の地位に返り咲く他ないと考えた。この実力行使は成功した。ホラント議会は全ての反オラニエ策を転換することを余儀なくされた。しかし、民衆の不満は大きくなった。さらに、多くの愛国者はいまやフランスに逃亡し、そこから新たに活力を得て闘争を継続した。ウィレムが外国の支援に頼り、また、その後の数年間全ての政敵を排除しようとしたやり方が深い憤りを生んだため、愛国者は次第に同情を集めるようになった。

ブラウンシュヴァイク・ヴォルフェンビュッテル侯爵（1718－1788）。多くの人からウィレム5世の「悪の天才」と見做された　〈北ブラバント博物館〉

## 20. 一七世紀後半と一八世紀の文化

### 開花と地固め

一七世紀の前半、オランダ共和国は文化全般にわたり著しい繁栄を経験した。世紀末の数十年、オランダ文化はいくらか輝きを失ったかの如く、さほど目覚ましいものではなくなった。多くの富裕な商人が、（場合により領主としての権利や称号付きで）郊外の邸宅を買ったので、活動は郊外に移り始めた。彼らは市民にすぎなかったが、他の欧州諸国を支配していた貴族の真似をしたかったのである。郊外の生活は、特に一七世紀後半の文学作品の中で理想化された。絵画においては、牧歌的な風景は一六四〇年代に既に人気があった。ヤン・ボト（一六一八―一六五二年）やニコラス・ベルヘム（一六二〇―一六八三年）はこの分野で仕事をした。同時に、上流階級の間に文明のフランス化の一般的な傾向が表れた。フランス語を話すことが流行り、衣服や食べ物にフランス趣味が取り入れられた。勿論、この社会的優越への欲求は、一七世紀の最後の何十年かの間に欧州の文化的中心となったフランス国王ルイ一四世のヴェルサイユにおける煌びやかな宮廷の影響から来るものであった。一六八〇年頃にはその紛うことなき輝きは周囲の全ての国の文化に影響を与えるようになった。

## 建築と室内装飾

一六八五年にフランス国王がフランスの新教徒に対する信教の自由の約束を踏みにじった時以来、多くの有能な職人と芸術家を含む数多くのユグノーがオランダにやってきたことは、フランス様式の建築、室内装飾、調度品をオランダに導入することにも貢献した。ダニエル・マロー（一六六三―一七五二年）はこのような新来の人々の一人であった。版画家で室内装飾家であったが、後に彼は建築家としても仕事をした。ウィレム三世の宮廷で雇われていた間に、彼はアッペルドールンの近くの新しいロー宮殿の室内をデザインした。これはオランダに現存する主たる居住用バロック建築物である。全室内装飾を総合的にデザインすることは共和国にとり新しいものであり、マローとその一門が趨勢を決めた。彼らは二〇世紀に入った後かなり経過するまで、全国の中産階級のみならず富裕な農民層の室内装飾の趣味にさえも影響を与えた。このように、フリースラントのヒンデローペンや北ホラントのザーン地域の家々の美しく絵

ウィレム3世公の妻である英国のメアリー女王のロー宮殿の寝室。内装はダニエル・マローが修復したもの

「東屋」、銀行家で美術収集家のヘンドリック・ホープのハールレム郊外の邸宅。ヨーロッパ中で流行していた新古典様式で設計された〈北ホラント州政府、ハールレム〉

画が描かれた室内と調度品は、一八世紀初めに宮廷と大邸宅で人気のあった様式の模倣であった。また、マローはハーグのユゲタン邸を繊細なバロック様式で設計し、後日他の建築家はこれに倣った。

一八世紀の間、新たな様式の建築と装飾が発展し、また外国のものも採用された。かくして室内装飾ではロココ様式のオランダ版が人気を得た。しかし、富裕な銀行家で美術収集家であったハールレムのヘンドリック・ホープに「東屋」の名で知られる郊外の邸宅が設計されたときには、当時新たに流行っていた新古典様式が用いられた。

## 絵画

ある意味で、絵画が様々な社会階層間の格差の拡大に最も苦しんだ。一七世紀の始めには、美術は、少なくともその一部は、普通の

アムステルダム医科大学の監事達（1724年）〈RMA〉

人々の生活をまだ反映しており、これは風俗画に画題を与える多彩な源になっていた。しかし、この種の作品は一八世紀に絵画を買ったり、注文したりする人々には必要とされなかった。ワイブラント・ヘンドリックス（一七四四―一八三一年）、アドリアン・デ・レリー（一七五五―一八二〇年）、ヤン・エーケルス（一七五九―一七九三年）の一八世紀の絵画からはブルジョワの自己満足が伺われ、唯一注目すべきはコルネリス・トロースト（一六九七―一七五〇年）の作品である。

オランダ絵画の大いなる伝統も室内装飾においてはフランス趣味に影響を受けた。壁は化粧漆喰や壁紙で覆われ、絵画に残されたスペースはわずかとなり、大きな絵は論外となった。しかし、その結果、一八世紀の後半には壁紙絵画の美術が盛んになった。中国や日本の情景を描く（これはまさに熱狂的流行になった）か、洗練された田園生活の情景を描くことが流行したが、後者はますます都会化する社会がもたらす不安を反映していたのかも知れない。残念ながら、この種の作品の大半は流行が再び変化するに伴い、その後失われてしまった。

## 文学

都市貴族集団のパトロン以上に、富裕な市民がいまや創作文学で優位を占めるようになった。一例が一七六六年にライデンで設立された「オランダ文学協会」である。会員は月例会を持ち、会員自らの作品を論じ、国内外の書物を集め図書館と読書室を整備した。当初は文学においてもフランス趣味が主流となり、（ヴォルテールの演劇が大いに人気を集めた）、その結果生まれた作品は一流とは言い難かった。しかし、共和国で作られた数多くの一般教養雑誌の助けで、より大勢の人々がいまや熱心な読者になった。これらの雑誌はフランス語で書かれていたが、文学的、科学的研究、その他の文化的な努力の成果を更に広く読者に知らしめるのに役立った。

エリザベト・ウォルフ（1738－1804年）とアガタ・デーケン（1741－1804）。有名な書簡体の小説「サラ・ブルヘルハルト」の共同著者（1782年）〈デン・ハーグ図像室〉

一八世紀最後の何十年かを迎えるまでに、様式、内容ともにフランス志向でない新たな文学が試みられ始めた。オランダの中産階級の社会が、特にエリザベート・ウォルフ（一七三八―一八〇四年）の

美術教室に参加する裕福なアムステルダムの市民達

作品の中で、軽い風刺的なスタイルで表現された。彼女は夫の死後、アガタ・デーケン（一七四一―一八〇四年）と住まいを共にした。英国の作家サミュエル・リチャードソンに倣い、彼女らは共同で書簡体の小説をいくつか書き成功した。この中で最もよく知られ、読まれているのは、一七八二年に出版された「サラ・ブルヘルハルト」であろう。

新たな道を探ったもう一人の作家は、ライデン市の行政官のヒエロニムス・ファン・アルペン（一七四六―一八〇三年）であった。彼は一般公衆の間では子供向けの詩で最も有名であろう。これは結婚と家族生活についての変りつつある考え方や、教訓的、教育的な考え方に窓を開くものである。しかし、彼は美学論に見られるように、多才な作家であり、また文化面では影響力のあるジャーナリストでもあった。

## 科学と宗教

教育のあるオランダ市民は、文学に関与を深めることに加えて、自然科学にも関心を持つようになった。これは一七世紀後半以来育ってきた世界に対する合理主義的な見方と軌を一にするものであった。諸科学は目覚ましい技術的向上とこれに伴う経済的向上を約束することから、特に重要なものと見做された。科学研究を刺激するために、一七五二年ハールレムに「オランダ科学協会」が設立された。それは各種の科学的、その他の主題について定期的に論文コンテストを開き、解答が得られれば産業への応用や他の実用的な結果がもたらされるような具体的な課題をしばしば設定した。同様の協会が他の都市にも設立された。会員は都市貴族出身の者、裕福な市民のサークルの出身の者を問わず、ともに科学的な書物を読み、論評し、物理の実験を観察し、あるいは自らこれを行った。

合理的思考は宗教問題にも適用された。人々は、世界が元々神によって作られたことを信ずる一方で、その後は独自の線に沿って発展してきたとますます考えるようになった。ほどなくオランダの教育のある人々の間ではこのような見方に大きな支持が集まり、あらゆる種類の宗教的な思索や、いまだ広汎とは言えなかったものの、教会、国家双方の伝統的な権威に疑問を挟むような、自由な思考をする新たな精神に繋がった。実際最近の研究で、これらの考え方は外国から輸入されたものではなく、オランダ共和国自体に由来するものであったことが示されている。そこでは一七世紀後半以降、一八世紀のフランスでの発展に先だって、人間世界のあらゆる側面について見方の変化が生じていた。まさに、この「オランダの啓蒙主義」が、穏健なものも急進的なものも、ともに、他の欧州諸国の文化に与えた影響は過小評価されてはならない。

# 21. 社会と政治　一七八七―一八一五年：反乱と外国による支配

先にその概略を記した発展にもかかわらず、一八世紀の末までには、共和国を統治するエリート層の生活はあまりに多くの側面で硬直性が特徴となっていたので、これより更に急進的な考え方が出てくることは避け難かった。前述の富裕な市民層と下層階級の格差が問題のひとつであった。教育のある多くの人々が支配的エリート層の権力独占に不満を抱いていたことがもう一つの問題であった。しかし、一八世紀の末に北米とフランスにおいて明らかになった「啓蒙主義」に基づく革命精神はオランダ共和国でも生きていたものの、オランダの不満分子は革命をもたらす連帯感を欠いていた。民衆はフランスにおいて初めて革命を成功に導くことに貢献したが、オランダ共和国では彼らは主としてオラニエ派を成しており、そのためほとんど現状を変更しようとしなかった。

## バターフ共和国　一七九五―一八〇六年

一七八七年には、総督の権力に対する反抗は少なくとも当面潰された。翌年、全ての都市貴族は体制への忠誠宣誓を余儀なくされ、各州は総督職を保持することに同意した。

フランスでの革命の進展の結果、一七九五年フランス軍が侵入しオランダ共和国の大半を占領したが、これはひとつには一七八七年にフランスに逃亡した愛国者の示唆によるものであった。フランス軍は外敵を攻撃して自らの革命を強化することを望んでいたが、彼らはその敵の中に伝統的に親英のオラニエ派を数えていた。ルトヘル・ヤン・スヒメルペニンク（一七六一—一八二五年）を頭とする改革を支持するオランダ人の集団がいまやこの機に乗じて権力を握った。新しい、いわゆるバターフ共和国が宣言され、ウィレム五世公は英国に逃亡し、再び戻ることはなかった。

憲法上の改革を制定するため、連邦議会に代えて国民会議の選挙が行われた。二〇歳以上で住所の定まった全男子が、福祉を受ける身でない限り、投票することができた。もうひとつ、総督制度に対する忠誠を放棄せねばならないことが条件であった。

一七九六年三月一日国民会議の第一回の会合が開催された。ほどなく新憲法を起草するため委員会が設けられた。しかし国民会議は連邦国家主義者と単一国家主義者の間の激しい論争によって分裂が明ら

第1回国民会議の最初の会合（1796年）

ルトヘル・ヤン・スヒメルペニンク（1761－1825)、1805年 から1806年までバターフ共和国の大法務官 〈RMA〉

ルイ・ナポレオン・ボナパルト（1778–1846）、1806年から1810年まで初代オランダ国王。C．ホッジス画
国王ルイは君主制の基礎をかなりの程度築き、これは後にオラニエ家に託された
〈RMA〉

かになった。前者は各州の独立を維持することを支持し、後者は一世紀以上にわたってオランダ共和国が適切に機能しなかったのは、まさにユトレヒト同盟の規定によって共和国が緩やかに結合された七つの小国家の実効性のない連邦に留まっていたためであると論じて、これに反対し、中央集権国家を欲した。

激しい論争の後、一七九八年四月に単一国家の諸原則に基づく憲法が採択された。全国は八つの県に分けられた。地方および県の当局者は投票権を有する者により選ばれることになった。これが立法府にも適用され、国の機関として五人の長官から成る行政府を任命する権限を持った。新憲法は同年中に発効した。二〇〇年間オランダの七州による連邦共和国を構成していた一風変わった政体は存在しなくなった。

新秩序はほどなく各種の決定のなかで実現した。一七九八年国家と教会の分離が実施され、全ての宗派および宗教の法的平等に道を開いた。とりわけ、ローマ・カトリック教徒とユダヤ教徒はいまや再び公に礼拝する権利を与えられた。数多くの財政的、法的措置とこれに並行して政府の中央集権化が、国家の統合に向けた一層の進展のための道を徐々に固めた。しかし、新たなオランダ国家はフランスの監督下で機能していたにすぎなかった。

一八〇一年行政府長官の三人の助けを得て、フランス軍司令官のオジュロー将軍がクーデターを起こし、ナポレオン・ボナパルトが求める、いまや激しく反英的なフランスの政策に共和国の足並みを揃えさせようとした。その結果、新しい憲法が施行され、いくつかの点で一七九五年以前に存在した状況が復活した。

しかし、一八〇五年ナポレオンとオランダの新たな在パリ使節であったルトヘル・ヤン・スヒメルペニンクとの間で協議が必要とされた。それは、フランスの独裁者から皇帝に転じたナポレオンが、フランスの反英闘争に対するオランダの支持を強化したいと思い、完全に彼に依存する単独の支配者をオランダに導入することを望んだからであった。スヒメルペニンクはオランダに戻り、新設の単一の官職に行政権を付与する憲法草案を有権者に提案した。この役職は、例によって大法務官と呼ばれたが、これは人々が依然としてオランダの「旧制度」を想起させる枠組みで物事を考えていたことを示すものである。最初にこの役職につくのは彼自身と思われた。また、大法務官を任命する権限を有し、法案についての投票権を有する一九人の構成員から成る立法府も設けられた。

スヒメルペニンクは数人の有能な大臣の助力が期待でき、彼らとともにかなり進歩的な政策を追求した。一八〇六年の教育法で初めて初等教育のための国の規則が定められた。教育の責任はいまや都市参事会、教会、民間の学校にではなく、国に委ねられた。一定の教育の質を保証するため、教員の

アムステルダムに入る国王ルイ　〈ユダヤ歴史博物館〉

ナポレオン軍に徴兵されたフリースラントの兵士から許婚者宛ての日付のない手紙　〈レーワルデン宝物館〉

養成も制度化された。

不運にもスヒメルペニンクはわずか一年後に職を辞さねばならなかった。一八〇六年ナポレオンは、フランス帝国の戦争努力へのバターフ共和国の支持が効果的でないことに依然として不満を持ち、共和国を自分の末弟でお気に入りのルイ・ナポレオンを君主とした王国に再編することを決めたのである。

この間、オランダ経済は着実に衰退していた。一八世紀の最後の二五年間、オランダ東インド会社は莫大な損失を被っていたので、一七九五年には清算を余儀なくされた。一七九八年バターフ共和国はその負債と資産を引き継ぎ、一七九九年一二月三一日この令名高く、かつては大いに成功したオランダの多国籍企業は存在しなくなった。西インド会社は既に一七九一年に解散していた。

しかし、ほどなくフランスは英国との通商を阻止するために、全ての従属国にいわゆる「大陸封鎖令」を課した。これはオランダの海外貿易が事実上不可能になったことを意味するものであり、何世紀にもわたり海外貿易で繁栄した国にとっては災忌であった。その上、フランスとの同盟は、以前は共和国、現在は王国となったオランダをフランスの対英戦争にかつてなく深く巻き込んだ。英国はいまや利益の上がるアジアにおけるオランダの貿易基地をひとつひとつ占領する機会を持つことになった。一八一四年ロンドン会議においていくつかはオランダに返還されたものの、もっとも有利ないくつかの貿易基地は英国に留保された。

オランダの産業も哀れむべき状態に置かれた。小規模企業が生産の大半を占めていた。英国の繊維産業に導入されたような技術革新はいまだ欠けていた。フランスによる併合の後、国の債務が額面の三分の一に削減され、投資に重大な損失を被ることを余儀なくされたこともあり、大多数の富裕な市民層はほとんど革新的事業に融資する意欲を失っていた。

## ルイ・ナポレオンの下のホラント王国　一八〇六―一八一〇年

少々驚くべきことに、新「ホラント」国王は、ほどなくその新王国を、というよりおそらく彼の新たな役割を実際に愛し始め、その熱意はフランスの利益を優先するようにはみえず、兄である皇帝がすぐに警戒するほどになった。確かに、ルイの統治はオランダにとり恩恵のないものではなかった。それは多くの分野で、これに先行する時期に採用された中央集権化を進めるような、合理的な政策を追求するものであり、財政制度の再編、水の管理、インフラストラクチュアの改善にみられるように新たな刺激を与えた。否定しがたい重要性を持つものに、一八〇八年のフランス式の新たな民法の導入がある。これはほどなく生活の法的側面全般に大きな影響を与えた。まさに、この点で七州は絶望的に分裂していたので、なおさらであった。一八一〇年、出生、死亡、結婚を強制的に登記するため地方の戸籍登記所制度が採用されたが、これはもちろん政府の財政・経済政策にも大いに有用であることが明らかになった。多くのオランダの家族はいまや初めて家名を持つか、与えられるかした。

ルイ国王は多くの重要な文化的発展も奨励した。一八〇八年彼の示唆により王立科学文学芸術院が設立された。その任務のひとつはオランダの現代芸術家の作品の展示会を組織し、二年に一度これを開催することであった。これはもちろんさまざまに文化的生活を奨励するものであった。ルイ・ナポレオンは王宮に使っていた旧アムステルダム市役所の一部に王立美術館を設立し、後日の「国立美術館」の設立にも道を開いた。国王が展示した作品の大半は前総督の収集品であったが、彼は喜んで自ら収集品を追加した。例えば、当時もまだ時代の趣味には合っていなかったが、依然としてアムステルダム市が持っていたレンブラントの「夜警」をそこに含めたりした。この美術館を設立することにより、ルイ国王は国家の文化的歴史的記憶を讃美する殿堂をオランダに与えた。かくして、彼はオランダ人がその過去を再び経験し、これをまさに偉大な過去、「黄金期」として見ることを可能にした。

ある意味で、これはオランダ人が国の意識、共通の帰属意識へ進むことを助けるものであった。

しかし、一八〇九年ルイ・ナポレオンの治世は、英国が不首尾に終わったもののゼーラントに侵入したことにより短命に終わることになった。これによりフランス軍がオランダに入った。この初代オランダ王は、兄である皇帝の送った軍隊に敵対し、彼に託された国を守ろうとさえしたが、大多数のオランダ人は彼を敢えて支えようとはしなかった。一八一〇年彼は次男のために王位を譲ったが、叔父である皇帝は彼が王位に就くことを許さなかった。

## フランスに併合され、これに敵対したオランダ　一八一〇—一八一三年

一八一〇年までにナポレオンは非常に古くからのフランスの野心を実現するため、すなわちライン・デルタ全体を支配し、またこれを通して北海と中欧の交易上の接点の多くを支配するために、オランダをフランスに併合することを既に決めていた。

ほどなくナポレオンの「大軍隊」を補充するため籤による徴兵制が導入された。彼の体制は啓蒙的ではあるが多数の人々から深く恨まれており、これに敵対するヨーロッパ中の人々と戦うために、まさにこのような軍隊を必要としていた。その結果、翌一八一二年には一万五千人近くのオランダ兵がナポレオンに従って悲運のロシア遠征を強いられた。この凄じい経験を生き延びた者は僅かしかいなかった。

これとあわせて、オランダが英国または他の非欧州諸国との貿易を禁じられた時に始まった経済不振が反フランス感情を高まらせた。危機の時は常にそうであるように、全てというわけではないが、

1815年6月16日のキャトル・ブラにおける戦闘で部隊を指揮するオラニエ公ウィレム、彼はオラニエ家の初代国王であるウィレム1世の息子で後継者であった。J. W. ピーネマン画 〈RMA〉

多くのオランダ人がオラニエ家を再び頼るようになった。一八一三年ライプチヒでナポレオンが欧州連合軍に敗れたことはオランダの国土からフランス軍が撤退する兆しとなった。ホーヘンドルプ、マースダム、リンブルフ・スティルムの三人の都市貴族が今や権力を握って国を治めた、再び独立せんとする国家を率いることを彼らが期待する人物、すなわち英国への亡命の後に亡くなっていた最後のオラニエ家の総督の最年長の息子が帰還するのを待った。

# 22. ネーデルラント連合王国の社会、政治、経済、文化 一八一五—一八三〇／一八三九年

## 南北ネーデルラントの再統合：一八一五年憲法

三人の暫定統治者の招請により、一八一三年一一月三〇日世襲のオラニエ公がスヘフェニンゲンに上陸した。これに先立つ数年の間、オラニエ公ウィレム六世（一七七二—一八四三年）はナポレオンと和解しようとして、オランダにおける彼の代表に自らを任命するよう依頼さえしていたのだが、オラニエ公は、一二月二日アムステルダムにおいていまや新国王に就任し、ウィレム一世と称した。一八一四年彼は同じくフランスから解放されたものの、以前の支配者であったオーストリアに返還されていなかった南部ネーデルラントの君主の地位も受けとった。

一八一五年彼は二三五年間分離していた南北ネーデルラントの一七州をこのように再統合する「ネーデルラント国王」であることを宣言した。しかし、この連合は長続きする運命にはなかった。その理由について、人々は現在でも論争を続けている。多くの者は経済生活、宗教、文化、政治の相違がただ大きくなりすぎたためであると主張する。いわゆる「大ネーデルラント構想」の支持者がしばしば唱える一体性はそもそも歴史的現実であったのかと問う者さえいる。というのは、ネーデルラント一七邦はカール五世という君主を共にしていたために「一体」として現実に存在したにすぎず、こ

ウィレム・フレデリック（1772−1843）、はじめはオラニエ公を世襲し、後に（1815年）オランダ国王ウィレム1世となった。〈RMA〉

の脆弱な連合は一六世紀の初期のほんの数十年間続いたにすぎなかった。また、七州連邦共和国が独立していた二世紀間、この共和国自体その内部の相違を克服する上で深刻な諸問題を有していたからである。一方、別の歴史家は、新国王がどれほど熱心で有能であったとしても、権威主義的な「啓蒙専制君主」として行動し、これにより多くの者から見てこの相違を弱めるのではなく強める方向に進むようなことがなかったとすれば、新王国は見込みが立ったかもしれない、と考える。

ほどなく新王国を分裂させることになる摩擦のひとつは下院の構成にあった。南部は北部より人口が多いにもかかわらず、それぞれ下院において五五人ずつの議員で代表され、会議はハーグとブリュッセルで交互に開催された。南部の議員は、そのうえ、主としてローマ・カトリック教徒である選挙民を代表しており、彼らはほどなく強い差別に不満を示し、新政府の提案の多く（客観的に見ればこれらの提案は双方に益となるものであった）を妨害し始めた。これにより国王はいまや主として勅令によって統治することとなったが、これがさらに反対を呼ぶことは避けられず、いまや北部、南部双方の自由主義者からも反対が出るようになった。一八二八年このため、カトリック派と自由主義者とのいわゆる「非神聖同盟」さえ生れた。

政治的文化的な大問題のひとつは宗派による教育であった。より具体的にはローマ・カトリック教会の宗教令で規定される宗派教育であるが、これに政府の承認を要することとなった。これまで南部の教育は争う余地なく常にローマ・カトリック教会の領分であったので、この新政策は耐え難いほど人を見下したものと受け取られた。

言語がもうひとつの問題となった。エノーやリエージュのようなワロン地域の州でも、またフランドルの上流階級の間でもフランス語が話されていた。これは既存の社会経済的相違や権力のある地位を強調するものであった。また、これは新国王が持つ「国の」未来像にとっても受け入れられないものであった。このため、ウィレム一世は少なくとも公務員は王国全体でオランダ語を使用することを勅令によって命じ、かくしてひとつの文化を作り上げることにより、王国の二つの部分の統合を加速しようとした。彼はオランダ語とフランス語の双方を有することは統合ではなく分裂につながると論じたが、これは不合理なものではなかった。

新聞の検閲も紛争の種となった。人々は政府を侮辱したことにより、あるいは国王の政策に批判的な言辞を口にすることでさえ裁判にかけられた。これは北部と南部での批判に等しく適用されるものであったが、再統合後の一五年間に強まってきたウィレム一世と南部の臣民との関係上の緊張に特に荷重を加えるものとなった。

一八三〇年工業が危機的状況になった時、南部の人々は北部の貿易中心の経済を不当に優遇する一方、工業が一般的であった南部の経済をいかなる意味でも保護しない、いや保護しないように感じられる政府の自由貿易政策を非難した。その頃までに南部の情勢は社会不安に拡大するあらゆる要因を

ベルギーの叛徒に対する1831年8月のオランダ軍によるいわゆる「10日会戦」、W.フェルスフール画。 〈RMA〉

孕んでいた。また、外国の影響、なかでもフランス、またある意味で英国の影響が、ウィレム国王に不利に働いた。フランスは南部ネーデルラントの支配権を失ったことに改めてはっきり不満を持ち、一方英国はフランスとの力の均衡を求めてネーデルラント王国をつくることを助力したものの、ますます繁栄する経済上の競争相手も作ってしまったと今や思うようになっていた。

### ベルギー国の成立：一八三〇年一〇月四日

一八三〇年九月ブリュッセルと南部の各地で争乱、騒擾が起き、その後南部の不満派は臨時政府を設置した。一〇月四日ベルギーと言う名の国の独立が宣言され、国民会議が開催された。

一一月、ネーデルラントの地位に関心を有していたロシア、英国、フランス、プロシア、オーストリアを含む諸外国がロンドンで会合した。特に、この何十年かの間に主導的な工業国の地位を築きあげた英国は、領土的にも、経済的にも強力な「大」ネーデルラント国は必ずしも好ましくないと認識しており、一方フランスは北側の境界に強国を持つことに対する多年にわたる嫌悪感をまだ失っていなかった。ひと月後、ネーデルラント王国は解体され、一八三一年一月ベルギー国が正式に成立した。

国王は不本意ながらもロンドン会合の決定を受け入れる用意があったが、ベルギーはその条項のいくつかを侮辱と感じた。後に六月に成された提案はベルギーにとって受け入れ可能であったが、今度は国王がこれを受け入れなかった。この間にザクセン・コーブルク家のレオポルト（驚くべきことではないであろうが、英国王室と近い縁籍関係にある）がベルギーの国王に選ばれた。

その間、ウィレム一世は新提案の受け入れを拒否し続けた。八月に悪名高い「十日会戦」が挙行され、当初オランダ軍はベルギーを破ったものの、フランスが介入して、撤退を余儀なくされた。

一八三三年休戦協定が遂に結ばれたが、ウィレム一世は一八三八年になってようやくロンドン会合で起草された諸条項に同意した。全当事者が受け入れた最終的な条約は一八三九年に署名された。これは南北ネーデルラントの短い連合の終わりを印すものとなった。それ以来、北部はオランダ王国として知られ、南部は正式にベルギー王国となった。過去二世紀に近い期間には、両国の関係は改善し、南北の双方で分裂を嘆き、結局強力な国家の方が望ましかったと感ずる人々が現れるほどにさえなった。

## ウィレム一世、「商人国王」：貿易と工業

ウィレム一世は高飛車な姿勢から徐々に人々の一部から抵抗を受けるようになったが、北部、南部

双方の経済的復興への貢献は極めて大きなものがあった。彼はオランダの「貿易と工業」の繁栄を取り戻すための疲れを知らない努力によって、それに相応しく「商人国王」という愛称を得た。しかし、この政策は実は彼自身の蓄財にも役立っていた。

彼がまず率先して行ったのはネーデルラント商事会社の設立であった。国王自身がこれに四百万ギルダーを出資したが、これは今日の通貨では数億ユーロに値しよう。また、彼は他の出資者に最初の二五年間に四％の配当金を保証した。彼は更に進んで、新たに独立したラテン・アメリカ諸国の発展途上の市場を同社が獲得するのを助けようとした。オランダは過去に植民地を有していたことから、市場への接近が容易であろうと想定を誤ったのである。一八三〇年以降この会社の活動は、主として英国が維持し続けることは事実上不可能と感じたためオランダに返還されたオランダ領東インドとの貿易に集中した。

ウィレム国王に派遣されたヤン・ファン・デン・ボス総督は「栽培制度」を導入した。現地人の農民は土地の五分の一をオランダ政府の命ずる作物の生産に使用することを強制された。コーヒーや砂糖のような作物はネーデルラント商事会社によりオランダに船で運ばれ、国内外で売りさばかれた。帰りの船荷は主として綿織物から成っていた。この方法で、オランダの産業は安い原材料を供給され、オランダの貿易は有利な販路を見出した。事実、一八三三年にオーファーアイセルのトゥエンテ地域で始められた綿産業は、主としてインド市場向けの織物の生産のために始められたものである。これがその後成功したのは、ひとつにはそれまでにもはやベルギーの織物業は競争相手ではなくなっていたという事実による。

オランダ最初の鉄道の開通　〈鉄道博物館〉

ウィレム一世は他にも様々な方法で経済を刺激しようとした。彼の後押しにより、政府による金融市場の統制を確かにするため、ネーデルラント銀行、国家造幣局が設立された。メートル法の漸進的導入は簡単な作業ではなかったが、統一的なものの考え方を全般的に奨励する意味がある一方で、特に経済に有益であった。ウィレムは道路の建設、運河の整備のような大規模なインフラストラクチュアを推進することにより、公共輸送の改善も行った。北ホラント運河は首都を外海に結ぶことにより、いまや欧州の貿易物資の輸送を行っていた大型船舶に対してアムステルダム港を再び使えるようにした。一八三九年ウィレム一世の治世の最後に、オランダ最初の鉄道であるアムステルダムとハールレム間の路線が開設された。

民間企業もオランダを再び大貿易国にすることを助けたことは確かである。ロッテルダムとアムステルダムの蒸気船会社がそれぞれ一八二三年と一八二五年に設立され、ともにオランダの近代的造船業を作り上げた。

しかし、経済は徐々に回復したものの、一九世紀の始めの数十年の間は貧困が広く存在した。一八一八年生活資金を得られない人々に雇用を与えることにより貧困と闘うため、いわゆる「救済会社」が設立された。ドレンテでは農業と牧畜に用いるため荒地の開墾が進められた。最後に残った大きな湖のひとつのハーレマーメールの干拓が新たに広大な土地を造りあげた。ゾイデル海全体を干拓する計画さえ作られた。しかし、経済的重要性は大きかったものの、これらの措置だけでは貧困を構造的に根絶することはもちろんできなかった。その結果、特に農業に依存していた多くの人々が国を去り、海外に道を求めた。一九世紀を通じて米国は無限の可能性を約束し、多くのオランダ人家族の新たな祖国となった。それでも多くの移住者は、特に学校と新聞を通して何世代にもわたり独自の文化を手放さなかった。

## ウィレム一世治下の文化と宗教

先に示したように、ウィレムは共通の文化を造る助けとしてオランダ語を推進することを明確に求めた。それにもかかわらず、地方には時に極めて明瞭な独自の言語的特徴を伴った方言が残った。その結果、特に新しい都市の工業エリートの文明が未だ浸透していなかった農村地域では地方文化が残った。

国の象徴への探求は絵画にも反映した。いまや一六、一七世紀のしばしば理想化された神話的なオランダの歴史から画題を取った、いわゆる歴史絵画が盛んになった。事実、この古い時代がオランダの「黄金時代」として見られ始めたのはようやく一九世紀になってからのことであり、オランダの人々はこの時代を、多くの人々が言うように、正当な誇りとともに振り返った。

ウィレムの教育政策も、南部との言語上、宗教上の関係においては問題であったが、効果がないわけではなかった。彼は経済生活と軍事上の必要性の双方に資するため、デルフトに工科専門学校を設立した。それは、理論的に整理された論証法を導入して人と社会の諸問題を解決する助けとなるよう、新たに数学の使用を広める中心のひとつとなった。この取り組みは他の形式の学校においても、ウィレムの教育大臣によって奨励された。

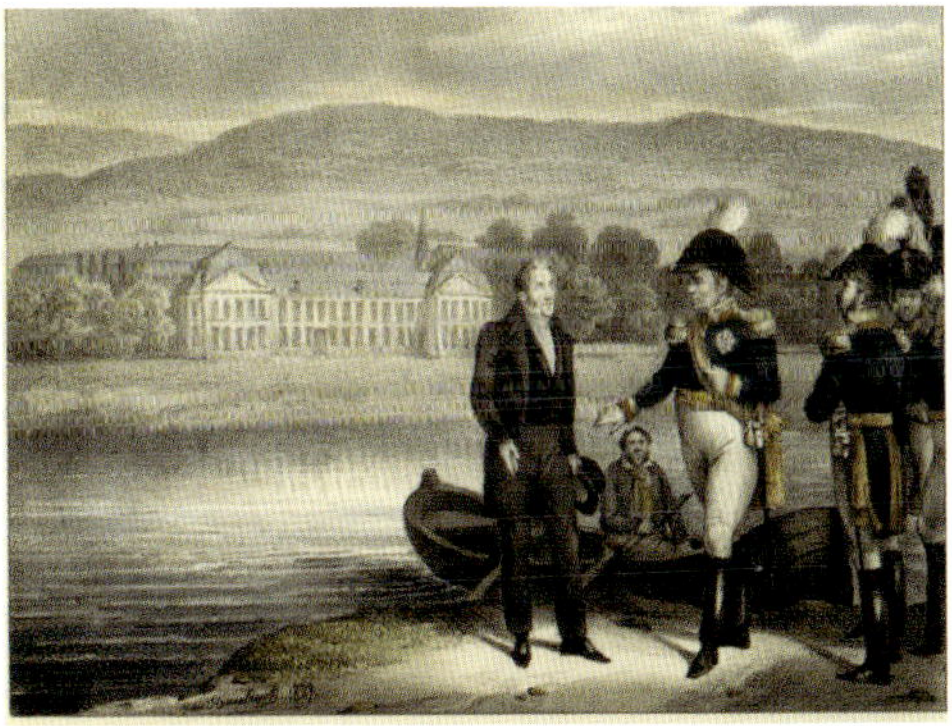

大実業家を訪問するウィレム1世〈ヘット・ロー宮殿〉

国の文化を建設するのと同じ精神で、ウィレム一世はオランダ改革派教会をあらゆる国民の精神のよりどころにしようとした。これは、勿論ローマ・カトリック教徒に受け入れられないのみならず、教条的カルヴァン派の怒りを買うことにもなって、一八三四年の教会分裂につながった。これに対する政府の非常に厳しい対応は、この清教徒集団の信徒の多くに米国への移住を決意させた。

この間、法は全ての者に信教の自由を保障していたものの、この分野での真の平等は依然として存在せず、国民の中の、特にプロテスタントとローマ・カトリック教徒との間の関係が改善することはなかった。

## 国王の退位：一八四〇年

ウィレム一世は二七年間毀誉褒貶のある治世を続け、国中に繁栄を押し進め、発展させ、それにより経済的奇跡をもたらしたにもかかわらず、我意の強い政策によって国民から疎遠になってしまっていた。最初の妻であるプロシアのフレデリカの死後、彼がローマ・カトリック教徒でベルギーの貴族でもある女性と結婚する意向を明らかにしたとき人心が動揺した。―しかし、これは彼自身の長男が煽ったものと言わねばならない。―彼は一八四〇年息子に譲位することを決意し、その後ベルリンに去り、一八四三年その地で亡くなった。

退位令に署名するウィレム1世国王、1840年

# 23. 社会、政治、経済：工業化社会へ第一期　一八九〇年頃まで

## 一八四〇年、一八四八年の憲法改正

ベルギーが独立した結果、一八四〇年に憲法の改正が必要となった。主な自由主義者と進歩的なローマ・カトリックの指導者の中には、民主的な改革を実施する好機を見出す者が多数いた。この改革の中で最も重要なものは責任内閣制であった。これは、議会が政府の政策について内閣の責任を問うことを可能にするものであり、それ以前内閣は国王に対して責任を負うのみであった。国王ウィレム二世（在位一八四〇―一八四九年）は、これが自己の政治力を大幅に制限するものであることを十分認識して、この改革案を拒否した。彼は、内閣が法に反して行動した場合にその責任を問う、限定的責任内閣制の導入に賛成しようとするのみであった。

オランダ国王（1840－1849）ウィレム2世（1792－1849）

その後数年間、政府と改革派は合意に達することができなかった。国王は、一八四八年

多くの欧州の国々において現実化した革命の脅威に直面して、遂により自由主義的な憲法を受け入れた。一一月三日に公表された新たな草案は自由主義者の指導者のヤン・ルドルフ・トルベッケ（一七九八―一八七二年）が構成員となっていた委員会の起草したものであった。

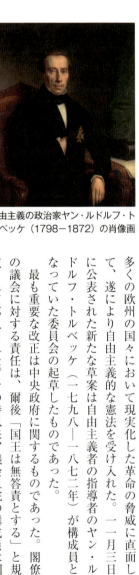

最も重要な改正は中央政府に関するものであった。閣僚の議会に対する責任は、爾後「国王は無答責とする」と規定されて導入された。その時以来、議会上院の構成員は国王によって任命されるのではなく、州議会により選出されることとなった。下院は州議会、市議会と並んで選挙民により直接選出されることとなった。しかし、投票権は納税者たる男性に制限され、男子普通選挙は導入されず、また、婦人は実際除外されていた。下院は法案修正、質疑、調査の権限を与えられた。また、全て代議体の会合は公開で開催されることとなった。

自由主義の政治家ヤン・ルドルフ・トルベッケ（1798−1872）の肖像画

### 王権の制限

一八四八年の憲法改正は国王の政治的権能を少数の明確に規定された権限のみに絞った。この中のひとつが議会の解散権であった。時に変わった例外はあるものの、実行上、これは下院にのみ適用された。ほどなく、国王ウィレム二世はこれらの制限に甘んずる考えがないことが明らかになった。しかし、彼はその年の内に若くして亡くなったので、この環境の変化の下で試練を受けることはなかっ

1840年11月28日のアムステルダム新教会における国王ウィレム2世の就任式。
N. ピーネマン画 〈RMA〉

た。息子のウィレム三世（在位一八四九―一八九〇年）も、この王権の喪失を受け入れることに多大な問題を感じた。その結果、彼は常に政治に介入した。一八六六年、国王が現政権の辞任を受け入れることに気が進まず、両院を解散した時、意地の張り合いが生じた。国王は新たな選挙を命じ、国民に対して彼の好む一団を支持する議会をつくるように投票することを勧告さえした。多くの政治家、市民は国王が憲法上の制限を大幅に逸脱したと感じたものの、当初ものごとは国王の思い通りに進み、内閣は存続した。しかし、新たな下院は、最初の機会に、政府の方針を承認しないことを改めて明らかにした。再度、政府は辞職願を提出し、国王は再び議会を解散した。新たに選ばれた議会では自由主義者が議席の多数を占めた。その結果、国王は敗北を認め、その内閣は野に下った。自由主義者のトルベッケの率いる新政府がこれに代わった。ウィレム三世は引き続きこれを煩わしく思ったものの、それ以来、オランダの君主は、オランダ国民統合の象徴としての地位を概ね受け入れて来た。

一八九〇年、彼の子供のうち唯一生き残ったウィルヘルミナが彼の後を継いだ。彼女は、ウィレムの最初の妻との間の三人の息子（異母兄）が亡くなったため、王位を継承した。弱冠一〇歳で王位を継いだため、彼女が成人するまで彼女に代わって母親のエマ王太妃が摂政を務めた。実際に責任ある地位に就いた時、彼女も憲法上の規則に従うことに困難を感じた。舞台裏で大きな影響力をふるいながら、（その後、その娘、その孫娘も同様にふるまった）彼女は誠実に役割を果たし、広く尊敬を集めるようになった。特に、彼女は第二次世界大戦中彼女が取った（多くの者によれば）力強い行動により声望を得て、遂に「祖国の母」と形容されるようになった。

一方、一八四〇年から一九一四年の期間にオランダは農業主体の社会から工業社会へ発展した。一八四〇年、ウィレム一世の退位の年には社会はまだ工業化への道を歩みだしていなかった。トウェンテの繊維産業が栄えていたのは事実だが、語るに足るような大規模な重工業は存在しなかった。自由主義的方針に沿って、その後の年月にオランダ経済は近代的な工業・資本主義制度に向けて徐々に発展した。とりわけトルベッケは重商主義的な政策から自由貿易政策への移行を奨励することに大きく貢献した。

しかしながら、オランダは一八五〇年代頃、技術および工学の分野で依然として、英国とドイツ各地方を最先端とする大半の欧州の工業国から遅れていた。鉄道網の拡大は緩慢にしか進まなかった。一八六〇年代になり政府が介入を決定して初めて、鉄道の建設が加速した。

## 労働者の団結

それでも、工業が徐々に経済の主要部門として農業の地位に取って代わった。一九世紀の後半には大半の手作業は機械に取って代わられた。どこでもそうであったように、始めはこれらの発展は多くの工場労働者の地位を損なった。そのうえ、政府の介入を嫌う自由主義の考え方から、また企業家が労働条件の改善に投資することを渋ったことから、労働者の権利は守られることがあったとしても極くわずかでしかなかった。景気が悪くなれば何の補償もなしに賃金が引き下げられた。労働時間は常に長く、児童労働は通常と見做された。

人々が非人間的な条件で生活や労働を強いられることに抗議し始めるのは避けられなかった。当初は「公共福利協会」に見られたように民間主導で社会問題との戦いが試みられた。蔓延していたアルコール依存症、まだほとんど実施されていなかった少女や女性の職業訓練、等々の分野で措置が採られ、これが適切と見做されるようになった。一九世紀の間には、社会主義者のような政治集団が労働者が声を上げることを支援し始めた。ほどなく、労働者自体がより良い条件を実現すべく努力するなかで真に団結することを決意した。オランダ労働者総同盟が一八七二年に結成された。しかしながら、意義深いことに、総同盟は社会経済的な変化を実現するための手段として抗議行動を行うことを当初は拒否した。人々は尊い社会秩序についての伝統的な考え方にまだこだわっていたのである。一八七六年に設立された「パトリモニウム」というプロテスタントの組合とアルフォンス・アリエンス司祭によって結成されたローマ・カトリック労働者同盟も同様な考え方を持っていた。

しかし、二〇世紀の初めには、多くの人々は、政治家や経済エリートが動かないのであれば、彼ら自身が実際に行動を起こさざるを得ないと考えるようになった。事実、政府が公務員に抗議の形式としてストライキを武器に使うことを禁ずる法律を成立させて公然とストライキを防ごうとした際、一九〇三年の鉄道ストが勃発した。ゼネストとなるはずであった二つ目のストライキは、呼びかけられたものの失敗した。多くの労働者がいまだこの手段を用いることに躊躇していたが、社会の雰囲気は確実に変化した。

## 最初の社会立法

不思議なことに、最初の社会立法は社会主義者の仕事ではなく、組織労働者のものでさえなかった。一八七四年に一二歳以下の児童の労働を禁ずる法案を提案したのは、自由主義者の国会議員であるサミュエル・ファン・ハウテンであった。徐々に人々は多くの人がこれまで耐え抜くことを余儀なくされてきた悲惨な環境はもはや容認し得ないものであることを認識し始めた。一八八六年に政府は工場労働者の状況について調査を命じた。直ちに行動が伴ったわけではなかったが、調査すること自体が社会問題への態度が変化しつつある兆しであった。その結果、多数の法律がその後に導入され、労働者階級の地位の全般的な改善につながった。一八八九年工場法が成立し、児童労働が一切禁じられ、さらに未成年と婦人の労働条件が規制に服することになった。これらの規制の順守を確保するため、工場検査の制度が導入された。とはいえ、児童労働が実際に途絶えたのは、ようやく一九〇〇年に初等教育が義務化されたときであった。

## ローマ・カトリック教徒とユダヤ教徒の解放

一八四八年の憲法はついに全てのオランダ人に自由に礼拝する権利を認めた。しかし、これに続いて、二五〇年間廃止されていた後に司教区が復活し、その結果一八五三年四月にカトリックの聖職階級制度が復活したことは、教条的なプロテスタント集団から激烈な抗議を呼んだ。このいわゆる「四月運動」への賛否双方の激しい反応が国を揺るがした。第一次トルベッケ内閣はこの事件で崩壊した。

子供たちに迎えられるサミュエル・ファン・ハウテン、子供の境遇を法律により改善した

しかし、依然として全人口の三分の一以上であったローマ・カトリック教徒の解放は少しの変わりもなく、ゆっくりではあるが確実に進んでいった。一方、ユダヤ教徒はずっと少数の集団で、このため支配的エリート層、キリスト教徒および自由主義者のエリート層に対して、また支配的な宗教的文化的風潮に対して脅威が小さく、より良い地位を確保することに既に成功していた。

ウィレム3世（1817－1890）、オラニエ家の国王（1849－1890）として初めの3代の中で最も愛されなかった

## 宗派教育と非宗派教育：学校を巡る戦い

　一八四八年の憲法は人々が学校を選ぶ権利も設定した。これは宗派による教育と国家による教育との間の財政面の平等を巡る熾烈な闘争を引き起こした。それまでは、非宗派的な「中立的」教育のみが政府から資金を得ていた。結果として、「学校を巡る戦い」が起き、カトリックとオランダ改革派教会の双方の集団が組織を固め始め、国家補助を得た形で教育、ひいては独自の文化を持つ権利を守ろうとした。やがて一八八九年に至って立法が成立し、政府は宗派教育にも資金を提供する義務を負った。しかし、完全な平等は一九一七年の憲法改正まで実現しなかった。

　一八六三年トルベッケは中等教育のための法律も定め、その結果いわゆる「高等市民学校」、ＨＢＳが設立された。これは旧式の「フランス語学校」に代わるものであり、近代的な工業社会向けの訓練を提供した。これは主として繁栄するブルジョワジーの需要と願望を満たすものであった。一八七六年以来ギムナジウムとして知られていた伝統的なラテン語学校と同様に、「高等市民学校」はほどなく生徒に大学教育の準備をさせ始めた。

　この社会的、宗教的解放運動のうねりの中で、いまやオランダの女性の声が初めて聞かれるようになり、女性がもはや二級市民と見做されたり、取り扱われたりしないような、より公正な社会のために発言し始めた。アレッタ・ヤコブスは多くの人にとり模範となった。一八七〇年彼女は女子として初めてＨＢＳに入学を認められ、大学教育修了まで学業を続けた。彼女はオランダで初の女医になった。

## 植民地に関連した倫理政策

本国でオランダ社会の多くの側面を変化させながら、一八四八年の憲法はオランダの植民地での発展にも影響を与えた。一八四八年まで国王は東西インド双方の植民地行政において最高の統治者であった。いまや、この権限も国王から取り上げられた。これはオランダ領東インドにおいて新たな形式の政府が設置されねばならないことを意味した。新制度はアンティル諸島においても一八六五年に導入され、スリナムでは選挙による独自の議会さえ与えられた。まさにオランダ本国において社会問題に対して認識が高まったため、植民地とその住人も搾取されていると認め、批判する者達がいまや現れた。一八六〇年、作家のエドゥアルト・ダウエス・デッケルは「ムルタトゥーリ（私は大いに苦しんだ）」の名で、有名な「マックス・ハーフェラールまたはオランダ東インド会社のコーヒー競売」という小説のなかで強制栽培の行き過ぎに抗議した。これはひと騒動を引き起こしたが、無駄ではなかった。一〇年後に強制栽培制度は「栽培

何世紀にもわたり、オランダはアメリカの植民地で奴隷制を維持した

スリナムの奴隷市場、1830年頃

法」が採択されて廃止された。これにより、先住民の農民は特定の作物を（欧州）市場への輸出向けに育てる義務を負うことなく、オランダ政府から土地を借りることができるようになった。

一八九九年「名誉の負債」という刺激的な記事が「デ・ヒッヅ」（案内人）という影響力のある文芸誌に掲載された。これは、植民地が将来の自治に向けてゆっくりと進んでいくことを支持する政治家に好まれる、いわゆる「倫理政策」の始まりを示すものであった。しかし、この考えが実際に具体化するまでには多くの歳月が過ぎねばならなかった。

一七世紀以降オランダはアフリカから米州への奴隷貿易に加わり、利益を上げていたし、スリナムの奴隷制プランテーションの植民地において奴隷制を維持していた。その結果、オランダは奴隷貿易の廃止と米州における奴隷制の廃止に関する国際的な議論においてその立場を明確にせざるを得なくなった。他の欧州諸国の政府が方針を変更することを決める一方で、オランダは振り返れば恥ずかしいほど長期にわたり奴隷制度にこだわった。奴隷制が廃止されたのはようやく一八六三年になってからであった。英領インドからインド人の移住者が、またオランダ領東インドからジャワ人の労働者が入ってきた（これはオランダ政府により強力に奨励されたものであり、従って完全に自

F. ドメラ・ニューウェンハイス（1846−1919)、最初の社会主義者の国会議員

H. スハープマン(1844−1903)、ローマ・カトリック党の指導者

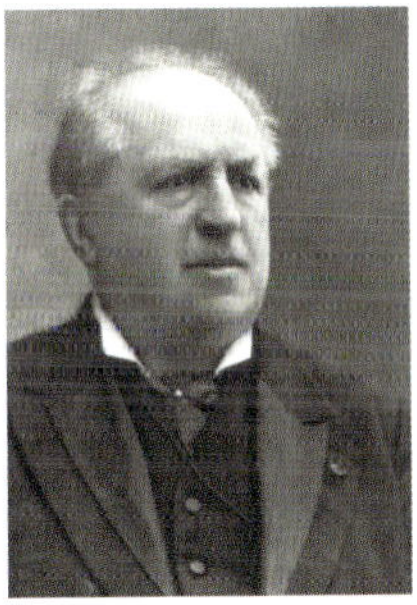

A. カイペル（1837−1920)、(カルヴァン派の）反革命党の指導者

由なものと考えられてはならない）にもかかわらず、スリナムの経済が不況に陥ることは避けられなかった。他方、この状況はこの西インドの植民地において素晴らしい多文化社会がゆっくり育っていくことには貢献した。

## 政党政治の登場

オランダでは近代的な意味での政党が、工業化、社会の組織化、学校法制を巡る宗教的政治的騒動の結果、一八八〇年頃ためらいがちではあったが形成され始めた。一八七八年、作家・政治家でプロテスタントの牧師であるアブラハム・カイペルの書いた綱領に基づいて、「反革命党」が設立された。自由主義者は一八八五年「自由連盟」を組織したが、その足場はこれよりはずっと厳しくないものとしていた。既に一八八三年にはローマ・カトリックの指導者のヘルマン・スハープマン司祭も政治綱領を提出していた。しかし、これは一八九六年になるまでカトリックの有権者の多数から受け入れられなかった。

「社会民主同盟」は一八八一年に初めて設立されていたが、社会主義者は政界に進出せず、一八八八年にその指導者でルッター派の説教師であり、ほんの一年前まで不敬罪で入獄していたフェルディナント・ドメラ・ニューウェンハイスが社会主義者として下院に選出された。

## 「柱状化」

一九世紀後半の解放運動の結果のひとつに、オランダ社会が「柱状化」したことがあった。柱状化と言う用語は、オランダ人が、独自の宗教的、政治的思想によって区別される、いくつかのはっきりと違う集団すなわち「柱」に分れるようになった過程を表現しようとするものであり、ほどなく、これは人々の経済的、社会的、文化的選択をも決定づけるようになった。スポーツや音楽の趣味でも、文学や芸術でも、さらには、新聞、雑誌、後にはラジオやテレビのようなメディアでさえ、人々は、カトリックかプロテスタントか、また数はずっと少ないが、自由主義者か、社会主義者か、という「柱」が命ずるままに自らを組織化した。司祭と牧師、非宗教的政治指導者がそのコミュニティーの人々の心を大きくつかんだ。オランダ人の多くは深い宗教心を持ち続けるか、あるいは一層敬虔にさえなった。風紀はむしろヴィクトリア朝の英国より厳格でさえあった。オランダでは、特にローマ・カトリック地域では出産率が極めて高い一方で、不法な出産の数は強制的な結婚や離婚の数同様に驚くほど低かった。

端的にいえば、オランダの「柱状化社会」の中では、独自の政党、学校、職業組織を伴う、堅固で強力ないくつかのブロックが作られたのであり、これらは互いに接触に乏しい別々の世界になった。実際に宗派を超えた婚姻などはほとんど考えられなかった。全ての集団において知識人は一種の国民的、非党派的文化を維持しようとし、時には自己の集団の保守的立場を批判さえしていたものの、カトリックの司祭、プロテスタントの牧師、社会主義の政治家は会衆を駆り立てて固有の文化を厳格に守るよう説教壇や演壇を利用することをためらわなかった。

状況が、男子普通選挙の要求に向かうのは避けられなかった。「柱状化」は各種の政治家にはっきりした支持者を与えたので、これらの人々全てに票が与えられさえすれば、支持者を少なくとも自己の集団の地位を改善するような要求の支持に使えたからである。しかし、逆説的ながら、これがオランダの議会制民主主義を強い合意型の制度に向かわせることになった。以来、政府が機能するような連立政権を作るべく各「柱」が常に努力する場合にのみ、政治が有効であったことが示されている。

一八四八年から一八八七年の間、法律上投票権を得た男子の数は依然として少なかった。一八八七年、憲法とともに選挙制度が再度改正され、財政面での独立と道徳的な適正が証明された全ての男子に投票権が付与された。社会主義者と他の急進派はこの改革は十分なものではないと考えた。彼らは男子普通選挙を好んだのである。かくして、一

ウィレム3世国王、2度目の妻エマ王妃と彼らの唯一の子であるウィルヘルミナ。彼女はオラニエ王家を滅亡から救わねばならなかった。

八九六年もう一度選挙制度改革を行った結果、有権者の数は成人男子人口の半数以上に上昇した。しかし、男子普通選挙は一九一七年まで採用されず、婦人は更に二年待たねばならなかった。

# 24. 一九世紀の文化:長年中傷されてきたが、今では活発と認められている文化

一九七〇年代までは、一九世紀のオランダの文化は通常ひとりよがりで田舎臭く、独創性に乏しいものと言われてきた。今日では人々は、そこにしばしば明確な独創性に特徴づけられた、多くの新たな興味深い発展があったことを認めている。

## 絵画:「ハーグ派」とフィンセント・ファン・ゴッホ

一九世紀初めの歴史画の隆盛の後、オランダの絵画芸術はより学術的になり、着想は伝統的な画題からのみ得られたように見える。しかし、一九世紀の後半には、海の絵や風景画に特化した多数の画家がフランスのバルビゾン派や印象派の作品に似た、また、言っておかねばならないのは、これらに先行した作品さえ生み出し始めたことである。一八七〇年代以来、ハーグやその周辺に定住した多くの画家はハーグ派と呼ばれた。ヤン・ヴァイセンブルッフや国際的に成功を収めたアントン・モーヴのような人々がこの派に属する。ヤコプ・マリスとウィレム・マリスの兄弟も重要な作品を作りつつあった。その兄弟の三番目のマタイスは一九世紀の末に短い期間欧州で盛んになった運動である象徴派に近い絵画を生んだ。ヘオルヘ・ブレイトネルは真に印象派のスタイルで描いた。彼のアムステルダムの通りの光景は特に表現が豊かである。

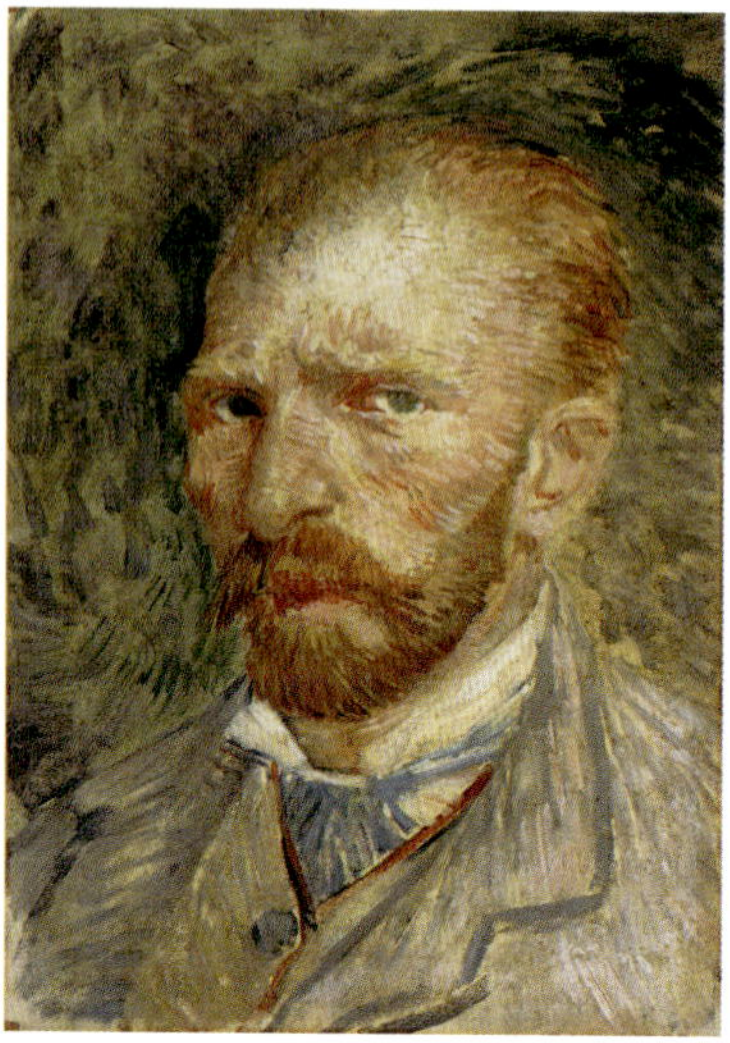
フィンセント・ファン・ゴッホ（1853–1890）自画像（1887年）〈クレーラー・ミュラー美術館〉

この全般的に驚くほど活気に満ちた芸術的環境は多くの人に機会を与えたが、このような背景でフィンセント・ファン・ゴッホ（一八五三―一八九〇年）の才能が開花した。彼は、レンブラント以降で最も有名なオランダの画家であるが、ドレンテとブラバントで仕事を始めて、有名な「ジャガイモを食べる人々」の例に見られるように、時に貧しい農民の絶望的な状況を強調し農村の光景を描いた。しかし、彼の最も有名な作品群が、プロヴァンスの明るい光が霊感を与えてやまなかったフランスに移った後に描かれたことは確かである。

ピート・モンドリアーンの初期の作品もこのなかに位置づけられる。彼の作品は、始めは印象派的傾向を見せながら、より表現主義的な線に沿ったものから、ほぼ絶対的な抽象に向けて発展し、彼を欧州のモダニズム絵画の代表者の一人にした。

## 建築：カイペルスとベルラーへ

一八五〇年代以降、何十年にもわたって流行していた抑制的な新古典様式は主としてローマ・カト

P. カイペルスの設計したアムステルダムの国立美術館。1885年落成し、2004年から2013年にかけて完全に修復された。

H. P. ベルラーへの設計した新アムステルダム取引所の正面入り口

リックの解放に促がされてネオ・ゴシック様式の建築に取って代わられた。この運動の主たる代表者は建築家のピエール・カイペルスであり、彼は全国の無数のカトリック教会を修復し、設計した。彼はアムステルダム中央駅や国立美術館も建設した。これはカトリックの解放が実際に進展していることを証明するものである。このような「国家的」記念建造物でさえ、ウィレム三世を含め、カイペルスの批判者達がこれらの公共建造物、故に権威ある建造物は「国家的」でないとして非難することを厭わなかったにもかかわらず、ネオ・ゴシック様式、従って多くの人にとって「カトリック的」な外観を与えられたのである。

他方、多くの建築家は装飾のための装飾への回帰、また、ネオ・ゴシック建築に内在する伝統的な考え方への回帰と感じられるものは拒絶した。しかし、ネオ・ゴシック建築と室内装飾に伴う職人芸の伝統こそが、オランダの建築を真に改革した新たな建築家のイニシアティヴを育てる肥沃な土壌となった。ヘンドリック・ベルラーヘはこのような革新派のひとりであった。彼のつくった新アムステルダム取引所と美術品収集家であるクレーラー・ミュラー家のホーヘ・フェリュエの地所にある聖フベルトゥス城は、建物の内部構造はその外側から見えるようにしておくべきであり、不要な装飾で覆われてはならないとの彼の信念を反映している。

## 文学と音楽：「八〇年代の人達」と社会主義者

オランダ社会がかつてなく工業化するにつれて、多くの人々はますます生活に浸透してきた無個性な、集団的な雰囲気から逃れる必要性を感じた。これは印象派の絵画に現れ、エッセーや創作文学にも現れた。

一九世紀後半のオランダ文化の精神は、「デ・ヒッズ」と「デ・ニューウエ・ヒッズ」（新案内人）の二つの有名な定期刊行物が示している。この二つの広い意味での「文芸」雑誌はオランダ文化の新たな傾向を書き物にしたのみならず、主としてフランスとドイツから、外国の新思想を紹介することによっても、しばしば新たな傾向を後押しした。

19世紀後半のオランダ作家の中でもっとも多才であったルイス・クペールス（1863－1923）

一方、多くの若い作家は一九世紀中葉の彼らが蔑んで「牧師の詩」と呼んだものに反抗した。ジャック・ペルクやウィレム・クロースのような（大半が男性の）作家や詩人を含む「八〇年代の人達」の文芸運動は個人の生活意識を表現し、しばしばロマンティックで印象主義的な自然礼賛に帰着した。同時に他の作家は、まさに新たな工業社会の諸問題に脚光を当て、これにより近代の（否定的な）状況に注意を引くため詩や散文を使うことを決意した。ヘルマン・ホルターやヘンリエッテ・ローラント・ホルストは、このように詩の中に主として社会主義的な見方を表現した者の中に入る。小説家の中では、洒落男で、世紀末の人であるルイス・クペールスがとび抜けている。彼が英語、フランス語、もしくはドイツ語で書いていたら、欧州の大作家のひとりとなっていたであろう。その作品には、古代ローマ末期を思い起こさせる「光の山」、彼自身が属したハーグのエリートの世界を背景とした「老人と過ぎ去る物ごとについて」、彼自身の背景でもあるオランダ人入植者と彼らにはほとんど神話的なものであったジャワのマレー人の世界の奇妙な関係を描いた「静かな力」などがある。

アルフォンス・ディーペンブロック（1862−1921）、国際的に知られた、おそらく初めての20世紀のオランダの作曲家

オランダの音楽は、スヴェーリンク以来大作曲家を生んでこなかったが、「祖国」祝賀曲風の第三交響曲を書いたヨハンネス・ファン・ブレーや、いたるところで使われているドイツの詩の代わりにオランダの抒情詩を用いて多くの歌曲を書いたヨハネス・フェルフルストのような人々の作品で花開いた。過去二世紀間で真に偉大なオランダ人作曲家のアルフォンス・ディーペンブロック（一八六二―一九二一年）がこれに続いた。彼は、文化批評家である一方、オランダの古い音楽様式と、一八六〇年代、七〇年代にドイツでリヒャルト・ワーグナーによって提出された新たな概念と世紀の変わり目に活躍したクロード・ドビュッシーのような近代フランスの作曲家の美学を統合することを探求し、音楽に社会と文化の中で適正な地位を再び与えようと望んだ。このようにして、彼は独自の作風を確立し、ようやく近年になって明らかにそれに相応しい評価を受けるようになった。

# 25. 社会、政治、経済：工業化社会へ 第二期 一八九〇年頃―一九四五年

どんな社会も特定の期日の間に変化するものではないことは明らかであるが、オランダの工業化の第一期は一九世紀最後の数十年間に完了したとは問題なく言える。その後、一九二〇年代、三〇年代の大不況の期間に一時的な停滞はあったが、オランダは世界で最も高度に工業化した国のひとつに発展した。

## 中立の必要性

第一次世界大戦が実際に起きる前の一〇年間、既に戦争の脅威は欧州全体に感じられていた。オランダも事ある場合に備えて自国を防衛するための措置をとり、一九一二年と一三年には法律を通して軍備を強化した。しかし、早くも一八世紀には国民的強迫観念の如くになっていた、中立を守らんとする伝統的な考え方が支配的であった。一九一四年八月には総動員が命じられたものの、これはドイツ帝国によってオランダの中立が侵犯される場合に備えたものに過ぎなかった。

## 三〇年代の大不況

第一次世界大戦後に起きた経済不況は、一九二九年後の時期には危機にまで達した。政府は経済

ハーグにおける「平和と国際連盟」展覧会を告げるポスター、1930年

問題に介入すべきでないとする自由主義的立場ではいまや明らかに持たなくなっていた。社会問題に対する認識が向上し、単に繁栄を促進する以上の措置も要求された。労働時間は既に一九二二年に短縮されていた。大不況期には、国家は少額ではあったが最低限の収入を保証して、失業者に救済を与えた。一九三三年、失業が例外的なまでに増加した時には社会省が設置された。

一九三五年には労働力の三〇％以上が失業手当を受け、失業が頂点に達した。その時社会主義者は、工場管理についての自由主義的考え方を厳しく拒絶する一方で、いわゆる「労働計画」を提出した。それは政府による大規模な投資と計画経済を主張するものであった。ギルダーを切り下げることにより、政府は失業者数を多少削減することに成功したが、一九三九年までには依然として三〇万人の失業が存在した。この困難な何十年かの間に、多くの人々が母国を去ることを決意したことは驚くに当たらない。多くの移住者にとり、多数のオランダ人を受け入れて来た米国は引き続き望ましい目的地であった。

## 大不況期の政府の政策

この危機の時代に首相として政府の政策に足跡を残した人は、ヘンドリック・コライン（一八六九—一九四四年）であった。彼は一九二五年から一九三九年までに五度その職に就いた。彼はギルダー

ハーグにおける社会主義者のデモ、1932年

の切り下げは道徳的経済的敗北であるとみなし、頑固に金本位制を守ろうとした。多くの者が彼と意見を異にしたが、一九三七年の選挙で彼は確固としたカルヴァン派である反革命党を率い大勝利を得た。強力な指導者の必要性を感じて、多くの非プロテスタントの選挙民もコラインの復帰を望み、彼は第四次内閣を組織することができた。

大不況と闘うためコラインが頭に置いた主たる対応策は、思い切った予算の削減を実施することであった。この立場が社会主義者の「労働計画」と衝突するのは明らかであった。コラインは政府支出を増加しなかったものの、雇用創出策により失業者数を減らそうとした。主たるプロジェクトはザイデル海の干拓であった。これを排水する計画は一九世紀に既に提案されたものの、拒否されていた。一八九二年、コルネリス・レリー（一八五四—一九二九年）の案が承認された。

しかし、この巨大プロジェクトは一九一八年にレリー自身が公共事業大臣に任命され、この広大な内海の部分的干拓のための法案が成立して、初めて実施された。まず、一九三〇年ヴィーリンガー湖干拓地が排水された後、一九三三年に完成したアイセル湖ダムによりザイデル海は永久に広い北海から閉め切られた。北東干拓地の干拓は既に進んでいたが、資金不足のため三〇年代後半に作業は中止された。

アムステルダムのスタットハウダースカーデにあるハイネケンの醸造所の建造物、1873年頃

## 多国籍企業

社会的困窮が広がったにもかかわらず、好ましい経済的発展も見られた。オランダ領東インドの豊かな原材料供給源と、また後には国際市場におけるオランダの貿易と産業の強力な地位が合わさって、ほどなく多国籍企業となる多数の企業の設立と成長が促された。そのいくつかは個々の企業家のイニシアティヴに基づくものである。このなかには、始めは石炭を取り扱い、ほどなく多角化したSHV（石炭取引協会）、後に英国のシェルと合併したロイヤル・ダッチ石油会社、二〇年代、三〇年代には、当然フィリップス電気会社があった。伝統的なオランダの事業、例えば浚渫その他の水管理の分野を革新しながら、いくつかの企業もこの分野で国際的な地位を獲得した。

フィリップスのコンピテンスセンター（於アイントホーフェン）オランダの多国籍企業による技術的貢献の象徴

## 戦間期のオランダの平和主義とファシズム

二つの世界大戦の間の時期、オランダは国際連合の前身であり新設された国際連盟の忠実な加盟国であった。事実、平和主義が大半のオランダの政党の政策において支配的であった。平和主義は一九二二年に憲法改正にまで進み、戦争は議会の承認がなければ宣言できない決まりとなった。

第二次世界大戦に至る二、三年前まで大半の政党は平和主義の立場を放棄しなかった。しかし、その頃までに、世界の紛争の平和的解決についての彼らの信念は国際関係の変化と国内の動向によってひどく揺さぶられていた。

既に二〇年代には、他の欧州諸国同様、オランダでも時に極端に国家主義的な組織が多数設立されていた。その構成員は議会制民主主義が存続しうるのか疑問を持ち、平和主義を無用で危険でさえあるものと見做し、国を再生させ、今の問題を全て解決すると思われる強力な指導者に権力を与えることを総じて要求した。ほどなくこれらの組織のひとつである国家社会主義運動（ＮＳＢ）が政治の世界に加わった。一九三五年の選挙でＮＳＢは投票のほぼ八％を得ることに成功しさえした。その時この政党はまだ特に親独でも反ユダヤでもなかった。これが変化したのは、ドイツ陣営にますます流れていった後年のことである。一九三五年の彼らの目覚ましい勝利は、その頃オランダ経済が最も低調であった事実から説明し得る。これによって、政治と経済を再組織し今の窮状から脱出するためには、（ドイツで権力を握っていると多くの人々が思ったような）強力な人間が実際に必要とされている、と多くの人が考えたのである。その結果、反民主主義的な傾向の危険性を十分認識して、各種の反ファシスト運動が起こることになった。これがオランダの民主主義への信頼回復を助けて、ＮＳＢは一九三七年の選挙で敗北し、その後その党員数は急速に減少した。

その頃までに国際情勢の重大性ははっきりしていた。それでも、一九三九年でも、中立を守ろうとするほとんど生来の衝動と原則的な平和主義があいまって、明らかに近づきつつあった戦争に関与することを避ける必要があると多くの人は信じていた。八月、ベルギー国王とウィルヘルミナ女王が、ドイツと他の欧州諸国との間の調停を申し出た。女王はドイツの家系の出身でありドイツの貴族と結婚していた。それにもかかわらず、同月総動員が発令された。今回オランダが中立を維持できないであろうことは明白であった。

# 26. 二つの世界大戦間の文化

## 視覚芸術の新たな運動：「スタイル」

二〇世紀の初めの数十年間オランダは欧州の文化生活の全般的な刷新に参加した。多くの作家や詩人、画家や建築家は古い価値は明らかに再考が必要であるという考え方に影響を受けていた。第一次世界大戦という惨事は、大きな自慢の種であった欧州の伝統も無批判に継続することは危険であろうことを間違いなく彼らに教えていた。

美術における新たな展開の中に国際的関心を得たものがひとつあった。それは一九一七年に初めて発行された雑誌の名にちなんで「スタイル」と名づけられた。その創始者たちは各種の芸術分野を代表していた。テオ・ファン・ドゥースブルクとピート・モンドリアーンは画家であり、J．J．P．アウトは建築家であった。「スタイル」の基調は「形より機能」の思想に従い、芸術からあらゆる不要な細部を取り除くことにあった。建築ではこれは建築物の構造を強調し、いかなる装飾も避けることを意味した。「スタイル」運動の最も衝撃的で美しい例のなかに、W．M．ドゥドック

1920年頃G．リートフェルトが設計した有名な椅子

1925年頃　W. ドゥドックが設計したヒルフェルスムの近代的な市庁舎

によるヒルフェルスムの市役所とユトレヒトのシュレーダー・ハウスがある。後者は一九二四年にヘリット・リートフェルトが平面と強烈な原色で作った三次元の遊び場として設計した個人の住まいであるが、現在は一般に開放されている。

## 文学

視覚芸術に見られたのと同じ倫理観が文学にも見出された。メンノ・テル・ブラーク、ヘンドリック・マルスマン、エドアルト・ドゥ・ペロンとヤン・ヤコブ・スラウァーホフは文学から偽物の飾りと感情を取り除くことによって、オランダの文学的伝統の真髄とその最善のものを維持し、伝えようとした。しかし、大衆に訴える力は限られていた。フェルディナント・ボルデヴァイクの作品、特に簡潔に書かれた「ブロッケン」と「ビント」という小説はより広い読者層を持ち、現在でも依然として人気がある。詩人のJ. C. ブルムとマルティヌス・ナイホフについてはそれほど問題とならず、異論も生じていない。これらの作家は全て今が省察と行動の時期であることを認識していたので、彼らの作品は長い年月の後でも引き続き認められる新たな活力を生んだ。

## 音楽

音楽の作曲においては、オランダの音楽家は概して国際的な評価のある作品を生み出すことはなかったが、ウィレム・パイパーは室内楽とオペラの双方を作曲し、近年相応の評価を得た。一方ウィレム・アンドリーセンには勿論当時においても熱心な支持者がいた。

この時期にアムステルダム・コンセルトヘバウ・オーケストラが、特に近代音楽の演奏を通じて、国内外でますます名声を得ていた事実からみれば、このように真に偉大な作曲家を欠いていたことは驚きであるかもしれない。一九二〇年以来、その首席指揮者のウィレム・メンゲルベルクは国際的評価を得ていた。彼は、アンドリーセンやパイパーのようなオランダの現代作曲家のみならず、個人的友人であったグスタフ・マーラー、そしてリヒャルト・シュトラウスのような外国の大家の音楽でも、その理想的な演奏者としての同オーケストラの名声の基礎を築いた。

有名な近代作家のF. ボルデヴァイクの3つの小説（1931−1934）

アムステルダムのコンセルトヘバウ（コンサートホール）の内部

## マス・メディア

二〇世紀の初めの何十年かの間に、映画、ラジオ、蓄音器といった新たなマス・メディアがオランダにももたらされた。ほどなくこれはオランダの社会生活に革命をもたらした。以前よりずっと多くの人々の集団があらゆる種類の文化に参加することを可能にしたのである。

三〇年代には既に、大半の家庭はラジオ受信機を所有していた。彼らは（世界の）ニュース速報や、スポーツの論評に、また、以前は大半の人々の手の届かなかったポピュラー、クラシック双方の音楽に耳を傾けた。彼らはまたラジオ・

ドラマを聞き、これはほどなく大きな人気を呼んだ。

多くの放送局が特定の宗派かイデオロギーを代表して設立されたという事実は、オランダ社会が宗教的な集団ごとに分裂する「柱状化」が文化生活のあらゆる面に及んでいたその度合いを示している。そのうち三つの放送局は今日でも運営されており、一九二五年以来活動している。

## 科学

オランダの工業国としての主導的な地位は科学と工学の顕著な進歩にも反映された。二〇世紀の初めの何十年かの間、ライデン大学とアムステルダム大学の研究室は多くのノーベル賞受賞者を生んだ。数学、物理、天文学において、H．カーメルリンク・オネス、J．C．カプタイン、H．ローレンツ、J．H．ファン・デル・ヴァールスは世界的な評価を得た。

# 27. 第二次世界大戦中の社会と政治

## ドイツによる占領：一九四〇－四五年

一九四〇年五月一〇日、ドイツ軍がオランダを侵略した。これは一世紀以上続いた平和期の終了を印すものであった。一八三九年にベルギーがオランダ王国から分離することで終わったベルギーとの闘争以来オランダはなんとか国際紛争の局外に留まれていたが、いまや中立はこれ以上維持し得なかった。

数日間の戦闘の後、貧弱な装備のオランダ軍は優勢なドイツ軍の敵ではないことが明らかとなった。五月一三日ウィルヘルミナ女王と閣僚が、捕虜にしようとするドイツの計画の裏をかき、妨害を受けることなく英国に去った。多くの人はこれを賢明な動きと考えたが、女王は国民とともにオランダに残るべきだったと考える者もいた。ロッテルダムとミッデルブルフへの壊滅的、徹底的な爆撃がこれに続き、両市はほぼ完全に破壊された。抵抗が続けば他の町も攻撃するとドイツが脅迫し、オランダ軍司令部は五月一五日降伏を余儀なくされた。

1940年5月ドイツの爆撃がロッテルダムの旧市街を破壊した

## ユダヤ人の迫害と国外退去

五月二九日既にアルトゥル・ザイス＝インクヴァルトはドイツ帝国オランダ委員の地位に就いた。ほどなく、ドイツ政府が国内で遂行していた反ユダヤ政策が外国でも実施されることになり、何世紀にもわたってオランダ社会の一部となっていた少なからぬ数のオランダのユダヤ人がそれにより悪影響を受けることは避けられぬように思われた。一九四〇年一〇月全ての公務員は、ユダヤ人の血を有しないことを意味する「アーリア起源」宣明証を提示せねばならなくなった。大多数の人々はいまだドイツの反ユダヤ政策の程度を認識しておらず、多くの宣明証に署名がなされた。しかし、オランダ人自身もひとつの社会また文化として反ユダヤ感情から完全に免れていたわけではないことは認めねばならない。

一九四二年七月にはこの国のユダヤ人は迫害されたり、国外退去させられたりしないであろうとのあらゆる希望は打ち砕かれた。そのとき現地で仕事を与えるとの口実の下でユダヤ系オランダ人が初めて集団でドイツとポー

アムステルダムのユダヤ人街、大通りはドイツ当局により「ユダヤ通り」と名付けられた　写真：J．ロトガンス〈GAA〉

ドイツの絶滅収容所に国外退去させられるオランダのユダヤ人

ランドの絶滅収容所に運ばれた。ほんの一年超の間に一〇万人のユダヤ人が連れ去られ、後に殺戮された。かくして、オランダにおけるユダヤ人の人口のほぼ全てが一掃された。彼らを助けようとするオランダ人家族とともに隠れて国外退去を免れた人々はほんのわずかであった。その中には、もちろん、フランク家が含まれていた。娘のアンネは日記を付けており、これは戦後になって過去に起きた恐怖の出来事を何百万人もの読者の目に晒すことになった。

この間、早い段階で抵抗組織が作られていた。戦争中、彼らは諜報活動に、また、ユダヤ人同様に隠れる必要をほどなく認めるようになった人々の支援に、重要な役割を果たした。とりわけ彼らは国家社会主義運動の構成員と異なり、ドイツと協力しなかった大多数のオランダ人の士気を維持することを助けた。ラジオ・オラニエを通じた放送が秘密裏に受信され、ロンドンからウィルヘルミナ女王は国民を鼓舞して貢献した。その結果、王室が自由の象徴となった。

## オランダの解放：一九四四、四五年

一九四四年六月六日、海外で集められたオランダ人部隊を含む連合国軍がノルマンディーに上陸した。その進攻のニュースがオランダに届き、九月五日の「狂気の火曜日」が起きた。それはオランダの一部が既に連合軍の兵士により解放されたとの噂から始まった。その噂はあまりに強力であったので、ドイツの部隊や多数の国家社会主義者は慌てて東の国境に向けて脱出した。

しかし、オランダ全体が解放されるまでにはもうひと冬が過ぎることとなった。これは何とか生き延びた人々に深い傷を残す飢餓の冬となった。ドイツにより全ての輸送手段は徴発されていたので、食糧の分配は、特に国の西部においては事実上停止していた。その結果いたるところで、食糧不足が深刻になった。一九四五年四月二九日オランダの一部が実際に解放された時、連合軍の航空機により初めて包装食糧が次々と投下され、飢えた人々にとって計り知れない救いとなった。

一九四五年五月五日ユリアナ皇太子の意欲的な夫君たるベルンハルト殿下臨席のもとでドイツが降伏文書に署名したことにより、オランダにとって戦争が正式に終わった。彼自身はドイツ人として生まれ、若い時にはさまざまな国家社会主義組織の構成

戦争と解放を記念するアムステルダムのダム広場の「国家記念碑」、J. ラデッカーとJ. J.P.アウトの設計

ウィルヘルミナ女王とその唯一の子であるユリアナ王女は英国とカナダでの亡命から帰国した後、オラニエ家を体現する人となった

員であったが、軍務の経験が全くなかったにもかかわらず、一九四四年九月にはいわゆる「国内部隊」の司令官に就任していた。これは、各種の抵抗集団の軍事的な上部団体であったが、これら集団は戦後の公的生活をどう組織するかについて考え方を異にし、それまでしばしば互いに争っていたのである。ウィルヘルミナ女王、その唯一の子で王位継承者たるユリアナ、ベアトリックス、イレーネ、マルグリートという三人の孫娘からなる王室一家の帰国は、全ての者に戦争が現実に終わったことを示すものであった。

# 28. 一九四五年以降の社会、政治、経済、文化

## 瓦礫の撤去と再出発：新しい政治と新しい政党

戦後すぐの数年間、歴代の政権は文字通り瓦礫を撤去する以上のことはほぼできなかった。しかし、戦前の最悪の社会的また経済的諸問題を最終的に解決するためオランダ社会の構造を変えようとの希望の下に、戦争中さまざまな社会経済サークルの中で各種の構想が生まれ、討議されていたが、これらがいまや実行に移された。実際、多くの分野で戦前の状況が繰り返されることはなかった。例えば、市営住宅は低収入の人々が近代的設備を備えた住宅に入居することをいまや可能にした。勿論これは一気に実現したものではなく、実際住宅不足は長期にわたり続いた。

戦前の政党のいくつかは再興されなかった。新しい政党が設立され、自由主義と社会主義の古い理想に基づくものもいまだ少数あったが、戦後の生活の現状にその理念を適合させていた。これには、一九四六年に設立された「労働党」（PVDA）、一九四八

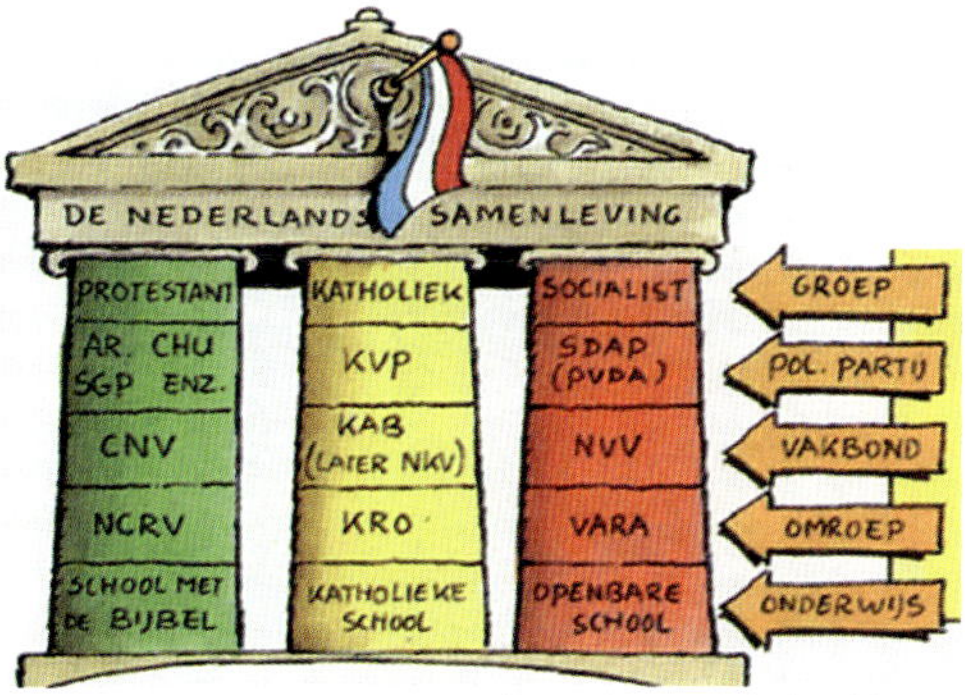


「柱」は第2次世界大戦後もオランダの社会と政治を支え続けた

年に設立された自由主義の「自由民主国民党」（ＶＶＤ）、同じく戦後に設立された「カトリック人民党」（ＫＶＰ）がある。

再興された二つの戦前の政党はプロテスタントの原理に基づくもので、「キリスト教歴史同盟」と「反革命党」であった。一九七六年この二つはＫＶＰと合併して現在の「キリスト教民主アピール」（ＣＤＡ）を設立した。

## 国際的協力と統合

欧州諸国間の戦争に大いに苦しんだ小国として、オランダはこのような惨事が二度と起きない状況を作るように努力する国際機関への参加に熱意を持った。一九四五年の発足以来、オランダは国際連合の加盟国であった。オランダは、また、創立時からＮＡＴＯに属した。米国の戦時中の努力また欧州の再建に貢献したマーシャル・プランに対して、同国に深く感謝し、とりわけ新たに獲得した自由を一九五〇年代に冷戦の脅威が再び危うくしかねないとみられるようになってから、オランダ人は何十年も米国は欧州の利益を守る大国であると見做してきた。

更に、一九四七年ベルギーおよびルクセンブルクとの間で「関税同盟」が結ばれ、これは一九四八年いわゆるベネルックスに統合された。これは勿論その後欧州共同体に至る多くの歩みのひとつであった。欧州共同体は一九九〇年代まで多くのオランダ人の支持を得ていたが、これは彼らが欧州全体に及ぶ統一国家を実際に創建することを欲したためというよりは、オランダ社会自体についての彼らの理想が、特に欧州の経済的、政治的協力を活用することにより、維持され強化されることを願っての

「オランダ領東インド」についてのオランダの主権を新しいインドネシア共和国へ移譲、1949年 〈オランダ写真総局〉

ことであろう。

## オランダ領東インドの独立：インドネシアの誕生

戦後、一九二二年の憲法改正により「海外領土」と改称されていた植民地は（半）独立した。オランダ領東インドの場合には、インドネシア列島にいくらかでも力を維持しようとしたオランダの軍事行動の失敗がこれに先んじた。戦争中ほぼ四年間オランダ領東インドを占領した日本の降伏の直後に、現地の各政治集団が「インドネシア」の独立を宣言していたからである。オランダ政府はそこでこれを依然としてオランダ王国の一部として維持すべく、「インドネシア連邦」に独立を与えることを考えた。一九四六年リンガジャティにおいてオランダとインドネシア共和国との間でこのための協定が署名された。スマトラとジャワを支配していた新しい共和国は列島の他の地域にも支配を及ぼすことを欲したが、多くの理由でこれらの地域はこの動きを歓迎しなかった。これに続く混乱の中で、一九四七年に最初の、時に流血を伴う「警察行動」がオランダ政府により実施され、オランダ軍部隊はこれら地域の利益を守るとともに、「連合王国」の構想を依然として実現させようとの望みをつなごうとしたが、ほどなく失敗が明らかとなった。一九四九年の第二次警察行動の後に、国際的な圧力もあり、ハーグにおいて円卓会議が開かれた。同年一二月二七日主権が移譲され、インドネシア共和国は列島全体の支配獲得に努力する自由を与えられた。

若きウィルヘルミナ女王（1880－1962）。在位1898－1948年

## 西半球の植民地へのオランダ王国憲章の付与

一九四八年には既にオランダとスリナムおよびオランダ領アンティル諸島の間の将来の関係に関する円卓会議が開催されていた。続いて第二次円卓会議が開催され、第三次円卓会議後、一九五四年にこれらの海外領土に幅広い独立を与える王国憲章が設けられた。スリナムは一九七五年完全に自律した国家となった。アルバ、キュラサオ、セント・マーティンは独立を選んだが、王国内に留まった。二〇一〇年ボネール、サバ、セント・ユースタティウス諸島は王国内の自治体となることを決定した。

## オラニエ家

ウィルヘルミナ女王にとって、オランダの戦後の時期は期待外れであった。戦争中彼女は良くまと

ベアトリックス女王（1938—）。在位1980−2013年

ユリアナ女王（1909−2004）。在位1948−1980年

まり、真に強力に統治された社会についてかなり明確な考えを持つようになっていた。しかし、戦後数年間の政治は高度に多様化し、彼女の眼には混乱していると見え、期待に応えるものではなかった。一九四五年に即位五〇周年を祝った後、彼女は唯一の子供であるユリアナに譲位した。

二一世紀において、オランダの主権は依然としてオラニエ家の一員に体現されている。一九八〇年にユリアナ女王が今度は長女に譲位し、以来ベアトリックス女王は二〇一三年に彼女自身が譲位するまで、彼女なりの大いに尊敬されるやり方でオランダ国民の統合を象徴してきた。

この間、オラニエ家は大半の現代の君主国と同様に、近年ますます、特にマスコミによる注目の増大に煩わされている。マスコミは王室に神秘性の継続を求めるとともに、これとは両立しがたいことであるが、公開性と現代の大衆文化の種々の要求に応えることを求めている。

かくして、カナダでの亡命中オランダの戦争努力を強く支持したユリアナ女王が一九五〇年代にはいまや少数の側近の強い平和主義的考え方に倫理的に、またおそらく政治的にも影響さ

2013年4月30日オランダ憲法への忠誠を誓うウィレム・アレクサンダー国王（1967―）

れていることをメディアが暴いた時、ひとつの危機が迫った。また、一九七〇年代に王配のベルンハルト殿下がオランダ産業の販売促進活動に従事する間に賄賂を受け取ったと非難された時、君主制はかろうじて第二の危機を逃れた。まだ王位継承者であったベアトリックスがドイツの貴族を夫君に選んだ時には、あの戦争の悲惨さを覚えている人々に激しい憤りを呼び起こさせた。もっとも、その後数十年の間に大半のオランダ人は、クラウス殿下を思いやりとオランダや世界の出来事への大きな知的関心を合わせ持つ、まさに理想的な王族の一員として深く尊敬するようになった。彼らの長男であるウィレム・アレクサンダー王子が、アルゼンチン出身の、たまたま同国の旧軍事政権の一翼を担った男の娘である若い女性との結婚を決意した時、議会は同意を与える前に正式な照会を行った。実際、二一世紀には王家の子弟や孫は祖先の誰よりも大衆の詮索に晒されており、もし「醜聞」が生まれれば大衆から大きな批判を招きかねない生活を強いられるという問題に直面している。しかし、象徴としての君主制の機能がゆっくりと、しかしおそらく不可避的に浸食されてきているにもかかわらず、共和制への強い志向を唱えるオランダ人はこれまでのところ僅かでしかない。

## インフラ・プロジェクト＝デルタ計画の実現

二〇世紀後半の期間に土木の分野で非常に多くの事業がなされた。自動車の増加に対応すべく、多数の高速道路が建設された。こんな小さな国で、公共交通が提供する移動手段を受け入れるのではなく、皆が自分で移動の方法を決めることができるようにするために、まだ残されている田園地帯の全てをアスファルトで覆ってしまうべきではない、と実際人々は不満を述べてきた。確かに公共交通部

東スヘルデ川の高潮堤はオランダの西部諸州を北海から守る大デルタ・プロジェクトの一部である

門の整備はしばしば十分なものではなかった。

この間、ザイデル海プロジェクトは東、南フレヴォラントの干拓により補強された。これ以上この国に耕作可能な土地を追加することの必要性については議論があり、マルケルヴァールトとして知られる西側の埋め立てについての議論は依然として続いている。

過去何十年の間に実現した更に大規模なプロジェクトが、一九五三年に一、八三五人の命を奪いゼーラントの島々に洪水をもたらした嵐のあとで計画されたデルタ計画である。このプロジェクトはオランダ南西部の低地地域を保護することを目的としている。これは一九五七年にゼーラントの全ての入り江を封鎖して開始された。東スヘルデ川の高潮堤は一九八六年ベアトリックス女王によって運用が開始された。その時点までにこの土木工学上の大事業は完成にほぼ三〇年を要していた。ザイデル海プロジェクトとともに、それはオラ

ロッテルダムのマース川河口に面する人工の平野に作られた新しい工場群

ンダのこの分野での世界的な名声を高めた。しかし、二一世紀の初めには、気候変動の結果とこれに伴う海面の上昇について懸念の声が出されるようになった。最悪のシナリオでは、現在の堤防は海がオランダの西部諸州のかなりの部分を再び飲み込むことを防止し得ない可能性がある。更に主要河川も周辺の低地地域にいまや洪水の脅威を与えている。かくして、新たな土木工学上の大事業とこれまでの想定をはるかに超えるような財政的努力が必要とされることになろう。

## 好況と不況：社会福祉と増加する社会問題への立法

戦後、多くの人々は経済の復興を待てない、いや待つ気になれないでいた。再び、彼らは国外移住を決意した。一九五〇年代の初め、数十万人が国を去った。今回彼らの主たる目的地は、オーストラリア、カナダ、ニュージーランドであった。しかし、同じ時期に移住者の波がオランダ領東インドから入り始めた。時には数世代にわたり現地に居住していたオランダ人と、インドネシアの新し

「オランダ福祉国家の父」であるウィレム・ドレース博士（1886－1988）

い政治情勢に不満を持つモルッカ諸島から来た人々もいた。その後の数十年間、スリナムとアンティル諸島から絶え間なく数十万人に上る人の流れが入り始めた。

この間、全西欧の他の国民同様、オランダ人も大きな経済的、財政的奨励策を提供したアメリカのマーシャル・プランにより刺激されたこともあり、オランダでなすべき事業があった。食糧の配給は一九四九年に廃止され、また毎回五％程度に達する数度の賃金引き上げの間に、購買力の増加と経済成長の拡大を通じ生活水準が向上した。産業を拡大し、輸出を増加させる新規投資とともに、この政策は一九五〇年代の終わり以降、経済発展を実際に支えた。しかし、その結果、オランダ経済は確かに繁栄したものの、以前よりはるかに世界的な変動に敏感にもなり、それ以来これが問題となった。

ほどなく、オランダの繁栄の増大は国の社会政策または福祉政策に反映し始めた。これには戦後の主要政治家の一人であるウィレム・ドレース博士（一八八六―一九八八年）の努力が永久に刻印されている。戦後最初の二代の内閣の社会相として、彼は老齢の年金受給者の境遇を改善する特別立法の導入に成功した。一九四八年から五八年の間、彼は全ての大政党を結集した四度の連立政権の首班となり、首相も務めた。オランダの「福祉国家」は大いに称賛され、また大いに中傷されているが、その後の福祉国家の基礎を築いた社会保障制度はこの時期に発するものである。しかし、一九五〇年代の後に六〇年代、七〇年代という豊かな二〇年が続いたこともあり、この制度はまだ本当の試練に晒されていなかった。確かにこの時期はあらゆる社会立法が成立し、多くの集団のニーズに取り組みながら、当時でも悲観論者達が予言したように、経済が傾いた時には維持できないであろう水準にまで国家の介入への彼らの期待を引き上げもした。

一九六〇年代には失業率が低下しつつある一方で、繁栄を維持するためにはイタリア、ギリシア、スペインからの、また後にはモロッコやトルコからの移民労働力を導入することが必要と考えられた。これら移民労働者の最初の世代はオランダで割の良い仕事を終えた後で帰国するつもりであったが、多くの人々は自らの利益のためにオランダに恒久的に落ち着くことをほどなく決意した。母国では失業が依然として続く一方、第二の祖国では、就業機会が減ったとしても、社会保障でうまく生活していくことがまた期待できそうであった。政府は移民が家族を呼び寄せることも認めたので、オランダではほどなくキリスト教ではなく、主としてイスラムの文化と宗教を持つ人口が増えて行った。

そのひとつの結果は、スリナムやアンティル諸島からの絶え間ない移民とともに、オランダがほど

1960年代、70年代に、ますます高度な教育を受け、富裕となった中間層は核兵器の拡散や人種差別のような大きな政治問題に関心を向けた。

なく多民族社会、かつ、まさに紛れもない多文化社会に転換したことである。一九七〇年代、八〇年代には、政治家は全ての少数派の集団に固有の文化的価値を維持することを許し、経済的に実際これを可能にさせることは、オランダの伝統と現代社会の必要を反映するものであろうと判断した。振り返ってみれば簡単に理解されるが、新しく来た人々全てに対して事前に適切な条件を設定しないまま市民権を与えるのではなく、少なくとも言語を始めとするオランダ社会と文化の基本的な価値を受け入れるよう要求することの必要性にはあまりにも重点が置かれなかった。

経済的退潮が一九八〇年代に始まり、九〇年代の短期間の好況の後もこれが続いた時、社会保障制度は真の試練に晒されることになった。それ以来、その部分的また継続的な解体が、高齢者の保護に特に否定的な影響を与え、社会的、政治的議論の増加や緊張の増大にさえ繋がっている。一九六〇年から七四年にかけて、かつて聞いたことのない豊かさの時代には、人々は、特に若者は熱心にあらゆる新しい思想を受け入れ、新しい政治的、文化的な問題を討議していた。しかし、最近では、人々はその生活や将来を物質的に、さらには唯物的とも言えよう程に、できる限り快適に整えることに改めて努力を集中するようになった。八〇年代以降雇用情勢が変動し、また社会保障が以前のように寛容でなくなって、普通のオランダ人は職を見つけ、これを手放さないことに専念している。社会的または文化的な批判を口にするための時間は少なくなっている。

状況の変化は、戦後初めの何十年かの間は平和維持の必要性が支配的であった外交政策にも反映した。六〇年代、七〇年代にはオランダ人の多くは東西欧州間の軍備拡張競争を忌み嫌い、核兵器使用への嫌悪感を表明するため大規模な抗議デモが組織された。特に左翼の間では、この平和主義的姿勢は時に激しく反米的になった。しかし、ロシアと米国との間で軍縮協議が始まって以来、とりわけ一九八九年、九〇年の東欧における共産主義の崩壊以来、政治意識はずっと目立たぬものとなってしまった。

二〇世紀の最後の何十年かの間に、恐らく個々人の経済的福利への関心のため、社会が直面する深刻な諸問題への一般大衆の関与はそれほど強くなくなったようにも見える。しかし、二一世紀の初めには、通常は政治的に寡黙な多くのオランダ人の意見を唱えているように少なくとも見受けられた一人の政治家が現れた。同性愛者であることを公けにしたピム・フォルタイン（一九四八—二〇〇二年）はオランダ社会の直面する幅広い諸問題についての懸念を明確に表現した。約一千六百万人の総人口の中でいまやほぼ百万人に上るイスラムの人々の社会的統合の欠如、公的保健制度の非効率、教育にかかわる諸問題、もはやその余裕が無くなったと彼が主張する文化的、社会的な「流行」のために使われる金、等々の問題である。オランダがいまだ偉大な国であることを認める一方で、彼はこれを脅かす種々の危険を認識するよう有権者に警告した。環境活動家により二〇〇二年に暗殺されたため、多くの公約を実行することができたかどうか示す機会は彼にはなかった。この殺害自体、オランダ人の過度の自己満足であろうが、このようなことはオランダのような寛容な社会では起きないと考えていた人々にとってもちろん大きな衝撃であった。

## 一九六〇年以降の文化生活

戦後オランダの教育は、一九六三年に成立し、六八年に実施された中等教育を規律する「マンモス法」を手始めに完全に再編された。この法律は、特に伝統的に高等教育にそのまま進めなかった社会

詩人で画家のルセベルトの「二羽の鳥」(1965年)　アムステルダム・ピクトライト

集団の利益のために、教育の一部門から他部門への移動を促進することを意図したものであった。一九八五年に実施された初等教育法は、幼児教育と初等教育の区別をなくし、正規の教育の開始を五歳に引き下げた。八〇年代の高等教育の再編は大学教育の年限の短縮と各種職業教育間の統合をもたらした。

雇用の有無が明らかに人々のその後の地位に生涯大きく影響することもあり、はたして教育が機会の均等を提供することを通して社会の変化を実現するために最も効果的な手段であるかどうかという根本的な問題には依然として解答が見つかっていない。しかし、九〇年代の初め以来、多くの人々にとって不可解であっても、常に政治家、政府の役人、社会理論家が同じように教育の変化を声に出して要求してきたことは、教育分野そのものに深刻な不満を生んだ。教育においては、学習過程そのもののために、また最も必要とされている変化のみをゆっくりと進めるために割かれるべき時間が、それ自体が目的となっているかのような官僚機構の恒常的肥大のため無駄に使われている、その上教育予算から法外な金を吸い込んでいる、いやそのように人々が感じている。

オランダの戦後のもっとも独創的な芸術運動である「コブラ」グループが作る抽象美術は、特にカレル・アッペル（一九二一—二〇〇六年）の仕事を通じて国際的に有名になった。より若い世代のオランダの画家はこれから評価を得る必要がある。事実、オランダの現代美術は、ヨーロッパ全体と同じく、永続的な評価を求めること、あるいは既存の考え方に挑戦することよりも、即座に商業的に成功することを求めて仕事をするよう人々を刺激し、あまりに流行を意識し過ぎるようになったのではないかと感じる人は多い。

文学においては、「五〇年代の男達」はともに実験的な詩を書いたルーセベルトやレムコ・カンペルトを含んでいる。散文家のヘラルト・ファン・ヘット・レーヴェ（一九二三—二〇〇六年）も伝統を破った。彼は、戦後すぐの生活、再建期の地味な日々の完璧な描写である「夕方」という小説で名声を確かにした。これは人々が堪えねばならなかった幅広い諸種の制約とあわせて、今後の変化への、人々が心に留めていた楽しい生活への微かな希望を鮮やかに想い起させた。

確かに第二次大戦後、文化の各種の分野で、多くの人々からみてあの大惨事の中で終った伝統によって妨げられることのない、より自由な表現への突破口が広く求められていた。これこそ第二次世界大戦が与えた教訓ではなかったか？この感情は第一次世界大戦の戦後期の雰囲気を想い起させる。

しかし、多くの西側の国と同じく、二〇世紀後半の文学の創作は活気に乏しく、精彩を欠くように、オランダ文学の評論家は感じた。とはいえ、このような見解が結果的に悲観的過ぎたかどうかを判断するためには、より長期的に見ることが必要かもしれない。

オランダの音楽文化は、いまやいずこに違わず、小規模な「クラッシック」市場と巨大な「ポピュラー」市場に決定的に分裂している。それでも、ルイス・アンドリーセンやペーター・スハットの二人を始めとする作曲家たちが国際的な評価を得、オランダ国立オペラはアムステルダムの新劇場において古いジャンルを生かすための新たなアイデアが試される場として広く称賛を集めている。ポピュラー音楽は明らかに国際的な傾向に従っているものの、オランダのサウンドを、また、まさにオランダ語の歌詞を使って作ろうとするグループが最近成功してきている。しかし、外国においてオランダ社会のイメージを形作るのは広い意味でのオランダの芸術ではない。それはむしろ、広範

W. ホルツバウアーとC. ダムの設計したアムステルダム市役所兼音楽堂。1986／87年開館

囲の問題でオランダが引き続き表現の自由の独特な擁護者となっているという見方である。第二次世界大戦後、オランダ社会がかつてなく自由で寛容となったことは否定できない。もっとも目に見えるところでは、これは性生活と薬物使用の分野での自由度の増大に現れている。その結果、事情に通じない多くの外国人は、いまやオランダ生活のこのような側面を誇張した見方により、オランダ文化についての見解を潤色している。嘆かわしくも、多くの人々にとってアムステルダムの赤線地帯は長い間、国立美術館に優先するものであった。また、初めは避妊具の使用、後には同性愛者の権利のような問題（後者の問題についての論争は同性愛の男女に正式な婚姻を許可する議会の決定にまで達した）についての、白熱した、また、国際的に報道された論争は、何でもありというオランダ社会、文化についてのイメージを作り上げたが、これは勿論、より複雑でかつ実際には穏健な現実を反映するものではない。現在行われている安楽死の受け入れについての論争は、海外ではやはりしばしばごく部分的にかつ一方的にしか報道されず、このようなイメージを変えることにほとんど資するものでないことは明らかである。

基本的にこの討論の自由、またしばしば最も広い意味での文化を変える自由は、一九五〇年代、六〇年代に伝統的な社会的、宗教的な「区分」あるいは「柱」の間の障壁が急速に崩壊したために可能になったものである。文化と社会はこれ以上伝統的な宗教的、イデオロギー的下位集団のなかに封じ込めることができないことがますます明らかになった。教会は空になり、ローマ・カトリックもプロテスタントもともに、教会は構成員を失い始めた。しかし、これまで安心感を与えて来た伝統と社会的、文化的な枠組みの喪失は、時に人々を古い思想や運動に憧れさせるように思われ、これらは今や折衷して組み替えられ、新たな意味を提供している。これは、あらゆる種類の「新時代」の思想やイデオロギーが大きな人気を呼んでいることにみられる。明らかに、新たな文化が形成されつつあり、これは引き続き制御された自由という点でオランダ的な多くの特徴を保ちながらも、「グローバルな」文化と言えるかもしれない。

しかし、一九六〇年代、七〇年代ほど経済が繁栄していないこと、また、これに関連した失業の諸問題が存在し、文化的、宗教的少数派の包摂が不完全であることから、新たな世紀はオランダの人々に伝統的に寛容な文化と親欧州的な立場さえ変えさせるような大きな挑戦を突き付けている。

# おわりに

明らかに、歴史の概観を将来の予測で終わらせるべきではない。それでも、概して言えば、新たな世紀においてオランダの人々がその過去を振り返り、現在に思いを致して、自己の文化と社会を形作るべきアイデンティティーと欧州と世界におけるその役割について明確な考えを取り戻そうと奮闘していることを指摘することは適切であろう。

オランダは、常に経済的、社会的、また道徳的な点でも偉大さを誇ることが適切な小国であった。それは水から獲得した国であり、以前は世界の主導的な商業大国のひとつであって、依然として世界の最も高度に工業化し繁栄した社会のひとつである。また、それは高い社会正義の基準を達成し、また維持しようと努めて来た。次の数十年はこれらの成果が時の試練に耐えるかどうかを明らかにすることとなろう。

二〇〇四年一一月有名な映画監督のテオ・ファン・ゴッホがイスラム出自の若者により刺殺された。宗教や多文化主義の問題と何ら関係を持たなかったピム・フォルタインの殺害と異なり、この犯罪は宗教的な狂信に源があり、また、少し前にファン・ゴッホが、彼が理解した伝統的イスラムについてきわめて批判的な映画を公開していたからでもあった。この暴力行為が起こした衝撃は、オランダ社会の特質について、まさにオランダ的とは何を意味し、どうあらねばならないかについて国民的論争を激化させた。

オランダは長く小国であり、より広く欧州を背景として福祉と安寧を促進しまた維持するために、一九五〇年代以来主権と独立についてのいくつかの伝統的な要素を手放す用意があった。この点でも、次の数十年はこの方針が成果をもたらすかどうかのみならず、オランダ人が引き続き文化的に自信を持ってこの方針を続けるかどうかをも示すものとなろう。欧州全体と並んでオランダ人が欧州憲法の草案について投票を求められたとき、二〇〇五年の国民投票で否定的な結果が出たことは多くの政治家を驚かせた。

事実、政治的文化的な支配的風潮を研究してきた人々は、オランダ人の多数派がより国家的な立場を現在支持しているように見られると述べている。簡潔にいえば、オランダは常に自らを寛容であるとともに世界的であると考えることを好む小国であったが、今後の数十年はこの見方が依然として現実を反映していると考えられるかどうかを明らかにしよう。欧州と世界の状況の変化のみならず経済的社会的状況の変化に対して現在進行中の適応と変化の過程の結果によって、オランダが「小さな大国」であると引き続き正しく主張できる国、国家、国民であるかどうかが決まることになろう。

ウィレム・アレクサンダー国王、マクシマ王妃、ベアトリックス前女王並びに（前列左から右へ）アレクシア王女、アマリア王女（王位承継者）、アリアネ王女。2013年4月30日 〈デンハーグ国家情報局〉

| | |
|---|---|
| 1806—1810年 | **ホラント王国**<br>ルイ・ナポレオン国王 |
| 1810—1813年 | フランス時代 |
| **1814—1830/39年** | **ネーデルラント連合王国** |
| 1814—1840年 | ウィレム一世国王 |
| 1830年 | ベルギー国の成立 |
| **1839年** | **オランダ王国** |
| 1840—1849年 | ウィレム二世国王 |
| 1849—1890年 | ウィレム三世国王 |
| 1890—1948年 | ウィルヘルミナ女王 |
| 1948—1980年 | ユリアナ女王 |
| 1980—2013年 | ベアトリックス女王 |
| 2013年— | ウィレム・アレクサンダー国王 |
| 1840年及び1848年 | 憲法改正 |
| 1840—1890年 | 工業化社会へ：第一期 |
| 1890—1940年 | 工業化社会へ：第二期 |
| 1914—1945年 | 中立政策　平和主義 |
| 1914—1918年 | 第一次世界大戦<br>経済危機<br>ファシズム |
| 1940—1945年 | 第二次世界大戦 |
| **1945—1960年頃** | **再建**<br>国際協力 |
| 1960年頃—1980年頃 | 好況、「福祉国家」 |
| 1980年頃— | 欧州統合の進展<br>社会的均衡と多文化社会の追求 |

# オランダ小史年表

| | |
|---|---|
| | **前史時代** |
| 前1万年頃 | 最後の氷河期 |
| 前1000—750年頃 | 青銅器時代 |
| 前750年頃 | 鉄器時代 |
| **前57—紀元406年** | **ローマの支配** |
| 650年頃まで | ゲルマン社会、サクソン人、フリース人、フランク人<br>キリスト教への改宗 |
| **650—850年頃** | **カロリング帝国** |
| 800—814 | カール大帝 |
| 850—1000年頃 | ノルマン人 |
| 1000年頃 | 領邦国家の発展<br>地域主権 |
| 1200年頃 | 都市が政治、経済、文化の基調を決定 |
| **1350—1581年** | **ブルゴーニュ・ハプスブルクの支配**<br>権力の集中<br>宗教改革 |
| 1515—1555年 | カール五世 |
| 1555—1581年 | フェリペ二世 |
| **1568—1648年** | **「八十年戦争」：外国の支配への反抗** |
| 1576年 | ヘントの和約 |
| 1579年 | アラス同盟とユトレヒト同盟 |
| **1581年** | **国王廃位令** |
| 1581年 | 7州連邦共和国の成立 |
| 1648年 | ミュンスター条約：オランダ共和国の正式承認 |
| **17世紀** | **オランダの「黄金時代」**<br>発見の航海 |
| 1602年及び1621年 | 連合東インド会社と西インド会社の設立 |
| **18世紀** | **共和国：政治的二級国家** |
| 1747年 | 世襲総督のオラニエ家<br>愛国者とオラニエ派 |
| **1795—1806年** | **バターフ共和国** |

# オラニエ・ナッサウ家の家系略図

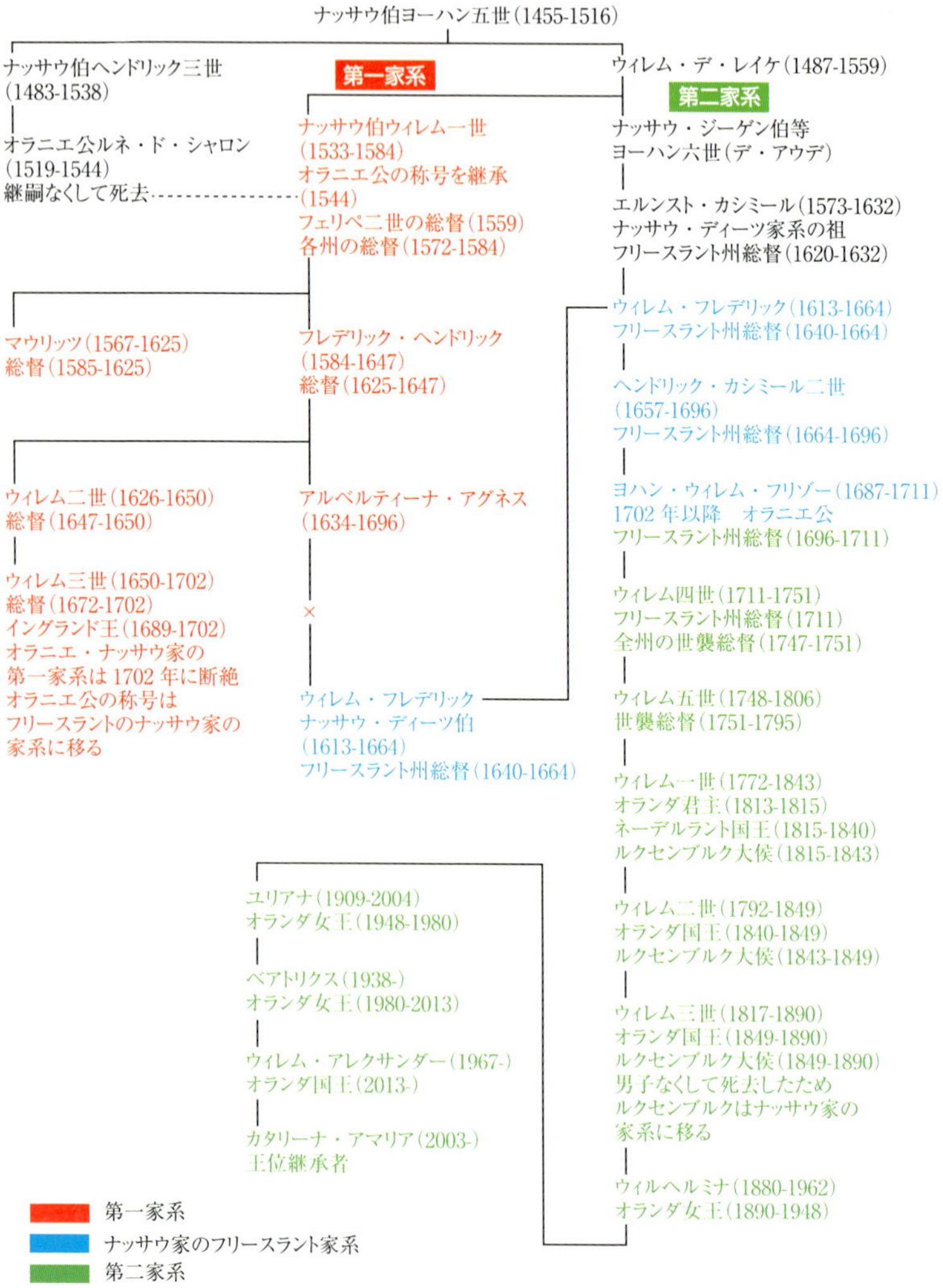

オランダ全図及びベルギー北部
0
100km
4°E
6°E
8°E
2°E
52°N
北海
ワッデン諸島
ワッデン海
テッセル島
ノルデン
フローニンゲン
レーワルデン
フリースラント
オランダ
ドレンテ
デン・ヘルダー
アイセル湖
アルクマール
ホールン
北ホラント
フレヴォラント
ズヴォレ
オーファーアイセル
エムス川
ドイツ
ハールレム
アムステルダム
デーフェンター
アッペルドールン
オスナブリュック
ライデン
ユトレヒト
アメルスフォールト
デン・ハーグ
デルフト
ハウダ（ゴーダ）
ヘルダーラント
アルンヘム
ミュンスター
ロッテルダム
ブリル
キンデルダイク
ワール川
ナイメーヘン
南ホラント
ドルドレヒト
マース川
デン・ボス
北ブラバント
ブレダ
ティルブルフ
ミッデルブルフ
フリッシンゲン
ベルヘン・オプ・ゾーム
ゼーラント
アイントホーフェン
リンブルフ
ノリッジ
グレート・ヤーマス
イギリス
コルチェスター
カンタベリー
ドーバー
ドーバー海峡
カレー
フランス
オーステンデ
ブリュージュ
東フランドル
アントワープ
ヘント（ガン）
西フランドル
ベルギー
フラマン語地域
ブラバント
ブリュッセル
ワロン語地域
マーストリヒト
リエージュ
アーヘン
デュッセルドルフ
ケルン
ボン
ライン川

# 訳者あとがき

本書はペーター・J・リートベルゲン教授が著したオランダの通史「A Short History of the Netherlands-From prehistory to the present day」（二〇一七年Bekking & Blitz社刊）の邦訳である。教授はオランダのラドバウト大学の名誉教授であり、本書は教授自ら英語で書き著したものである。原著は十二版を重ねる人気の歴史書であり、本書はこの最新版に基づいている。スペインとの闘争とオランダが主権国家として認められた近代以降の歴史に限ることなく、先史時代から始め、古代、中世のオランダの歴史を含んでいる。政治や軍事の歴史に加えて、いくつもの大河が北海に注ぐ西欧の低地地域に位置を占めるという自然条件がオランダ全体にもたらした影響や、オランダをオランダたらしめた経済や幅広い文化の発展の歴史を含んでおり、これらを多数の名画や著名な風物の写真とともに紹介している。また、国全体の歴史だけでなく、オランダがひとつの国になる以前の各地方の歴史についても触れている。現代のオランダのことを親しく知りたいとする人には格好の読み物であり、既にオランダのことをある程度ご存知の方にもなるほどと思われることが多いのではないだろうか。

訳者は二〇一〇年に大使としてオランダに赴任することになったとき、日本語で書かれた同国の歴史書を探してみたが、そもそも発刊されている本が少ないことに驚かされた。オランダについてフランスの大学のフランス人の先生がフランス語で書いたものの翻訳と、歴史書に定評のある出版社が世界の歴史シリーズで、ベルギー、スイスの歴史と一緒に出しているものの二つだけであった。オランダ人の書いたものはなかった。

オランダの人口は一七〇〇万人ほどであるが、日本との貿易総額はEUのなかではドイツやイギリスのような大国と並んで上位に入る。一方、直接投資の分野では、日本の投資先としては当時残高ベースで米国向けに次ぐ第二位であり、EUの中でも第二位の英国向けの二倍に達していた。また、海外から日本国内への投資国としても、米国に次ぐ第二位であった。その後の数字はこの通りではないが、いずれにせよ大きな経済関係である。

また、良く知られる通り日本とオランダの関係は四〇〇年以上前に始まり、オランダは日本にとって、江戸時代を通じて長年西洋との唯一の窓口だった。にもかかわらず、オランダの歴史に関する本がこれしかないというのはどういうことなのだろうか、と思わざるを得なかった。

この本を知ったのはオランダに赴任してからである。難しい言葉は使っていないが、格調の高い英語で書かれており、一八〇ページばかりの手ごろな長さである。その時点で九版を重ねていた。オランダ人は自国の歴史をどのように見ているのか、これを知らなくてよいのだろうか。ここから進んで、こういう本は日本に無い、誰もやらないなら自分で翻訳してみようと思い立ち、著者に連絡を取ったところ、喜んでお任せしたいという返事があった。

この本を入手したのは、二〇一一年九月オランダ政府からナイメーヘンへの旅行の招待があったことがきっかけである。ドイツ国境に近い緑豊かなヘルダーラント州の美しい町への日帰り旅行であり、各国の大使やその夫人たちにオランダへの理解を深めてもらおうと計画されたものである。オランダ最古の町と言われ、ローマ時代やフランク王国時代の遺跡もみられる。招待に応じハーグにいた外交団が百人近く、三台ほどのバスに分乗して、オランダ外務省の近くから一団となって出掛けた。

我々は現地に到着後、まず、ラドバウド大学を訪問し、講堂で歓迎の辞を聴いてから、いくつかのグループに分かれて特別講義に臨んだ。私は「オランダと東アジア」と言うテーマの歴史学の講義を選んだ。そこでペーター・リートベルゲン教授が有名な東インド会社のバタヴィアや出島を含む東アジアでの活動を中心に、パワーポイントで各種の映像を用いながら、英語で一時間ばかり印象的な講義をしてくれた。その場に四〇名ばかりの外交団がいたが、最後に教授自身の書いた「オランダ小史（第九版）」が全員にプレゼントされた。これがこの本との出会いである。ハーグに戻ってひと通り読んでから翻訳を思い立ったわけだが、このような経緯からみて、この本はオランダ外務省が各国大使に推奨したも同然であり、いわば品質保証付きのようにも思われた。

淡々とした客観的記述のなかにオランダ人ならではの記述が込められている。例えば、英蘭戦争について、外務省の大先輩である岡崎久彦氏の『繁栄と衰退と』（一九九一年）は、主として英国の歴史書を基に一七世紀後半の三度にわたるこの戦争の歴史を紹介し、「かつて英国より経済、技術の面ではるかに先進国であったオランダが、この戦争等を通じて衰えて」行った、「両国の抗争は一六八八年の名誉革命以降両国がフランスを共通の敵と考えるようになるまで続いた」と記した。また、この戦争の直接の契機は英国が航海法を制定してオランダの交易、海運を制限しようとしたことであったが、そもそもの原因は繁栄するオランダを英国が嫉妬したことにあったと指摘している。

「オランダ小史」も戦争の原因は英国の嫉妬であったとしており、ともにオランダが英国に無用の戦争を強いられたとみている。また、当時のオランダが国内体制から、外交、宣戦・講和に機動性を欠いたと見ている点も同じである。しかし、当時共和国であったオランダの状況については、「オランダ小史」は「一六五〇年以降極めて緩やかに衰退が萌し、いまだ共和国の繁栄に影響を与えるほどではなかったが、欧州主導の世界経済において紛れもなかったその中心的役割がゆっくりと崩れていった」と述べたうえ、背景としていくつか経済的な要因を挙げているが、英蘭戦争の影響には直接触れていない。

確かにオランダは、第一次英蘭戦争では準備不足で苦戦し、不利な条件で講和した。第二次、第三次戦争では、フランスが英国側について介入した時、海陸両面で対応を迫られ厳しい局面を迎えたことは事実であるが、いずれも海戦で英国を圧倒し、最終的にオランダが勝利している。このとき、オランダにはデ・ライテル提督と言う国民的英雄が生まれた。

その後起きた名誉革命は、オランダ総督のオラニエ家のウィレム（英語名ウィリアム）三世が、オランダ軍を率いて英国に進攻し、叔父で義父の国王ジェームズ二世を追放し、妻のメアリーとともに同国の共同統治者となった歴史上の事件である。この後両国は欧州の勢力均衡という彼の構想に従い、膨張政策を続けるルイ一四世のフランスに対抗して列国の大同盟の中心となる。

「オランダ小史」は、続けて、この大同盟を進めるなかで、「ウィレムは英国が海上で主導権を取る一方、陸戦用の資源の大半はオランダが提供することを決めた。これによりウィレムはそれとは気づかぬままに、戦時中またその後の平和の期間のいずれにおいても、英国海軍の優勢をますます強める状況を作った。長期的にはこれは共和国に世界貿易におけるかつての主導的な地位を失わせる原因の知られていないものは出来る限り原語の響きを重視して訳すことにした。他に方法が無いようにも思われたが、日本で良く知られているかどうかは訳者が判断するので、どこかに主観性が残るだろう。個々の名称が適切かどうかは読者の判断にお任せするしかない。

また、西洋史の中には日本に存在しなかった制度も多く存在する。これにどのような訳語を当てるかについては、日本の西洋史学の智慧をお借りする他ない。

これらの点を含めて、佐藤弘幸教授には主としてオランダ史学の観点から、松本俊氏にはオランダ語の専門家の立場から監修を頂いた。両氏は本書翻訳の趣旨を理解され、直ちに協力を約束され、大きな貢献を頂いた。ここに、改めて両氏に対する深い感謝の念を印したい。結果として個々の言葉の選択等が適切であったか否かは、勿論訳者自身の責任である。例えば、オルデンバルネフェルトやデ・ウィット等、オランダ最盛期の政治家の肩書きは従来日本語で法律顧問と訳されることが多かったが、企業の法律顧問の制度が行きわたった現代ではその役割が理解しにくいのではと考え、佐藤教授と御相談しながらではあるが、英文のニュアンスも考慮した上で大法務官との訳語を考えてみた。これはその一例である。

なお、本書には引用・参考文献が付されていない。これは、原著者によれば最近の欧米の歴史書のスタイルということであった。また、原書にはないが、読者の御参考に本書ではオランダの地図をひとつ添付した。

オランダで「オランダ小史」九版を手にしてから翻訳作業を進めるうちに、時が経ち、ベアトリックス女王が退位し、ウィレム・アレクサンダー国王が戴冠した。これに伴い、本書の内容も改訂が加えられ全訂版の十一版が出版された。新国王と王妃の写真に飾られた新版は原著者自身からナイメーヘンの御自宅で受け取ったが、出版に至るまでに思わぬ時間を要する結果となり、昨年は更に十二版が出版された。

なお、原著者は欧州の文化史に詳しく、本書にもこれが十分反映されている。また、日本関係でも専門の研究を幅広く行っている他、作家として徳川時代の初期の日本を舞台とした小説を著していることは本人から伺った。これを契機に更に日本との関係を深めて行って欲しい。

最後に付言すると、先に記した両氏を含めて、この翻訳作業はいずれも六五歳以上の高齢者によってなされたものである。本書がビジネスマン、学生のような若い世代の人々を含め、オランダに関心を持つ方々のご参考になれば誠に幸いである。

二〇一八年七月

肥塚　隆

**著者　ペーター・J・リートベルゲン　Peter.J.Rietbergen**
1950年　オランダ・ヘルダーラント州ベンメル生まれ
1963－93年　ラドバウト大学（オランダ・ナイメーヘン）歴史学部在籍
1974－93年　ラドバウト大学講師及び准教授
1977－78年　在ローマオランダ王立研究所副所長
1983年　ラドバウト大学博士号取得
1993－2000年　ラドバウト大学特任教授（欧州の非欧州世界との関係史）
1997年　ユニヴァーシティ・カレッジ高等研究所特別研究員（ロンドン）
1999－2000年　オランダ高等研究所特別研究員（ワッセナー）
2000－2015年　ラドバウト大学教授、主任教授（中世以降の文化史）
2004－2005年　クライストチャーチ大学（オックスフォード）上級客員研究教授
2010－2011年　在ローマオランダ王立研究所研究員
2015年　ラドバウト大学名誉教授
著名な著作に『オランダ小史（A Short History of the Netherlands）』、『欧州文化史（Europe: A Cultural History）』（1998年初版 ロンドン。ポーランド語、韓国語の他、香港、北京で２種の中国語への翻訳が出版されている）などがある。専門書、論文など著書多数。このうち、日本関係では、「日本を語る:オランダの目で見た日本　1600－1799年」（2003年初版 アムステルダム）の専門書の他、８本の学術論文がある。また広範な調査結果を踏まえ、ニコラス・ベルクの名で1643年明正天皇時の日本を舞台とした歴史小説『出島の死』（2003年初版 アムステルダム）がある。

**訳者　肥塚　隆（こえづか　たかし）**
1949年生まれ。72年東京大学法学部卒、同年外務省入省。75年ハーヴァード大学文理大学院政治学部博士課程修了。その後、外務大臣秘書官、国際機構課長、南西アジア課長、トロント総領事、ホンジュラス大使、宮内庁式部副長、オランダ大使等歴任。2013年から2年間、内閣府迎賓館館長。

オランダ小史　先史時代から今日まで
著者　ペーター・J・リートベルゲン
訳者　肥塚　隆
発行者　伊藤玄二郎
発行所　かまくら春秋社
鎌倉市小町二―一四―七
電話〇四六七（二五）二八六四
印刷所　ケイアール
平成三〇年八月二一日発行


ISBN978-4-7740-0762-5 C0022